新しい契約

エレミヤ書による説教

中島英行
Hideyuki Nakajima

一麦出版社

植村環先生に感謝して

Soli Deo Gloria

植村環先生と共に

植村環先生＝真ん中　著者＝左

目次

Ⅰ　エレミヤ書による説教 …… 七
Ⅱ　植村環牧師とその時代（『父母とわれら』を読んで） …… 九一
Ⅲ　主にむかって水の上を歩こう（南柏教会50周年記念礼拝説教） …… 一三九
あとがき　一五一

装釘　鹿島直也

I　エレミヤ書による説教

エレミヤ書一章一―三節

（主の言葉が臨んだ）

エレミヤの言葉。彼はベニヤミンの地のアナトトの祭司ヒルキヤの子であった。主の言葉が彼に臨んだのは、ユダの王、アモンの子ヨシヤの時代、その治世の第十三年のことであり、更にユダの王、ヨシヤの子ヨヤキムの時代にも臨み、ユダの王、ヨシヤの子ゼデキヤの治世の第十一年の終わり、すなわち、その年の五月に、エルサレムの住民が捕囚となるまで続いた。

エレミヤは、ベニヤミンの地のアナトトの祭司ヒルキヤの子でした。ヒルキヤはダビデに忠実に仕えた祭司で、ソロモンの即位の時にヤラベアムを支持したことでアナトトに追放されたアビアタルの子孫でした。アナトトはエルサレムから四キロほど離れた場所で、中央の政治や神殿儀式に通じ、常に批判的に見ていた敵意と反感をもった場所でした。エレミヤはその敵意と反感をもった祭司の子として育ったのです。それは彼のエルサレムに対する激しい批判と反感に大きな影響を与えたと思われます。

しかし、彼が預言者として召されたのは、彼の生まれや育ちによるものでなく、何よりも主の言葉が彼に臨んだからでした。彼はヨシヤ王の治世十三年に預言者として召されました。ヨシヤ王は紀元前六二一年に神殿で発見された申命記の律法の精神によって宗教改革を断行しました。それは地方聖所を廃止し、その祭儀をエルサレム神殿に集中することでした。エレミヤは当初その宗教改革に賛同しましたが、ユダの熱狂的な神殿崇拝にふれて、これを厳しく批判しました。彼らは神殿に頼れば、神は必ず民を守ってくれるに違いないと信じていたのです。しかし、そのヨシヤ王は紀元前六〇九年に、メギドでエジプトの王ネコと戦って戦死してしまいました。

その後を継いで王となったのは、ヨシヤの子ヨヤキムでした。彼は前王が三か月で廃位させられたことを受けて王となったのです。彼は十一年間治めましたが、民を苦しめ、華美を好み、尊大であり、預言者エレミヤの非難の的となりました。彼の死後、ヨヤキンが王となりましたが三か月で廃位させられ、ゼデキヤが王になりました。そのゼデキヤ王の時代に、バビロン帝国によって紀元前五八七年にユダの首都エルサレムが陥落し、宮殿や神殿も焼かれ、王と有力な民も捕囚としてバビロンに連行されたのです。こうして彼らが誇るダビデ王朝は消滅し、イスラエルは亡国の民となったのです。

エレミヤはそのユダの激動の時代に預言者として活躍したのです。彼は「抜き、壊し、滅ぼし、破壊する」という神の審判を厳しく預言しました。しかし、エレミヤは単に神の厳しい審判を説いただけでありません。彼が説いたのは、その神の審判のどん底にあったイスラエルの民に、また「建て、植える」という神の希望を説いた預言者だったのです。

彼は三一章三一節以下で、「新しい契約」の預言をしています。それは罪の赦しによる新しい契約でした。これがエレミヤ書の頂点をなす新しい希望でした。主イエス・キリストもこの新しい契約を成就し、ここに罪の赦しによって新しく律法に従って生きる希望が与えられたのです。

エレミヤ書一章四―八節

（わたしは若者にすぎません）


主の言葉がわたしに臨んだ。

「わたしはあなたを母の胎内に造る前から、あなたを知っていた。母の胎から生まれる前に、わたしはあなたを聖別し、諸国民の預言者として立てた。」

わたしは言った。

「ああ、わが主なる神よ／わたしは語る言葉を知りません。わたしは若者にすぎませんから。」

しかし、主はわたしに言われた。

「若者にすぎないと言ってはならない。わたしがあなたを、だれのところへ遣わそうとも、行って、わたしが命じることをすべて語れ。彼らを恐れるな。わたしがあなたと共にいて、必ず救い出す」と主は言われた。

エレミヤが預言者として召されたのは、紀元前六二六年の頃のことでした。それは彼自身の意志や決断によるものではなく、主の言葉が彼に臨んだからです。主は「わたしはあなたを母の胎内に造る前から、あなたを知っていた。母の胎から生まれる前に、わたしはあなたを聖別し、諸国民の預言者として立てた」と言われました。「諸国民の預言者」とは、単にユダ王国の預言者であるだけでなく、諸国民の預言者、世界の預言者として召され、立てられたことをさしています。

しかし、エレミヤはこの神の召しに躊躇しました。「ああ、わが主なる神よ、わたしは語る言葉を知りません。わたしは若者にすぎませんから」と言っています。モーセも「全くわたしは口が重く、舌も重い者なのです」と言って、主の召しに躊躇しています。しかし、エレミヤは単に口が重く、舌も重い者でなく、若くて未熟者なので、世界の民に向かってどう語ってよいか全く知らなかったのです。彼の生涯はたえず主の召しに葛藤し、苦悶し、抗議しています。主の言葉を語ることは苦悶だったのです。

しかし、主は「あなたは若者にすぎないと言ってはならない。わたしがあなたをだれのところに遣わそうとも、行って、わたしが命じることをすべて語れ」と言われました。彼はユダの一般大衆だけでなく、その預言者にも祭司にも、王にも高官たちにも、世界の諸国民にも遣わされていたのです。その重い任務に誰が耐え得るでしょうか。しかし、神は彼に「恐れるな」と言われました。これは全聖書を通じて語られるメッセージでした。クリスマスの喜びを告げる主の使いは、「マリア、恐れるな」と言ったのです。

エレミヤは誰のところに遣わされようとも、行って、主が命じることをすべて語らなければならなかったのです。それは「わたしがあなたと共にいて、必ず救い出す」と言われたからであります。エレミヤは人間的には煩悶し、躊躇し、抗議し、抵抗しながら、この厳粛な主の召しに服従して、生涯預言者として立ち続けたのです。

マタイによる福音書二八章二〇節で、主イエスは「わたしは世の終わりまで、いつもあなたがたと共にいる」と約束してくださいました。時代がどう変わろうとも、世界のどこにあっても、主イエスは必ずエレミヤと共にあり、わたしたちと共にいてくださるのです

エレミヤ書一章九―一〇節

（主は手を伸ばして、わたしの口に触れ）

主は手を伸ばして、わたしの口に触れ、主はわたしに言われた。「見よ、わたしはあなたの口に、わたしの言葉を授ける。見よ、今日、あなたに諸国民、諸王国に対する権威をゆだねる。抜き、壊し、滅ぼし、破壊し、あるいは建て、植えるために。」

「主は手を伸ばして、わたしの口に触れ」とあります。主が手を伸ばして、エレミヤの口に触れ、その言葉を直接口に授けられたのです。エゼキエル三章一節にも、主から「人の子よ、目の前のものを食べなさい。この巻物を食べ、行ってイスラエルの家に語りなさい」と告げられています。目の前の巻物を食べて、エゼキエルはイスラエルの家に直接に御言葉を語る使命が授けられたのです。エレミヤも同様に主から直接に御言葉を口に授けられたのです。それは決して甘いものでなく、大変辛い使命でした。

エレミヤはその民の不信のゆえに、神の厳しい審判をユダの民に告げています。しかし、その審判の言葉はユダの人々に受け入れられなかったのです。イスラエルの民は神に選ばれ、愛された民であるから、神は必ず彼らを守ってくださるに違いないと確信していました。彼らは平和がないのに「平和、平和」といつも安易に口にしていました。それゆえ、エレミヤが語る神の審判の言葉は「非国民的」としてしばしば迫害され、侮られ、嘲笑されました。しかし、事実エレミヤが預言したとおりに、エルサレムの宮殿と神殿は破壊され、その民の指導者たちは皆バビロンに連行され、悲劇的な敗北を喫したのです。

しかし、エレミヤは単に「抜き、壊し、滅ぼし、破壊する」という神の厳しい審判を説くだけでなく、その審判の只中にも、「建て、植える」という新しい神の希望があることを説いたのです。彼は神の審判のどん底にあっても、イスラエルの慰めと回復の預言を語り、希望の神を説く預言者だったのです。

確かにバビロン捕囚の後に、イスラエルの民はエルサレムに帰還して第二神殿を建て、律法を中心とした強固な信仰共同体を形成しました。それは国家としてではなく、あくまで信仰共同体としての建設でした。しかし、その希望はやがて失望に終わりました。イスラエルの民は律法主義に陥り、神に愛され、選ばれた民として自らを誇り、他の民族を異邦人としてその交わりから差別する大きな罪を犯したのです。異邦人との結婚も許されなかったのです。それは新約聖書に記されたイエス・キリストの律法主義との戦いに示されています。

エレミヤはその激動の時代の只中にあって、このイスラエルの民の不信仰を厳しく糾弾する神の審判を大胆に語り、その滅びと死を説いた預言者でした。しかし、その滅びと死の厳しい神の審判の只中にあっても、神はその民の罪を赦す「新しい契約」を預言し、罪の赦しと命の新しい希望があることを説いた預言者でもあったのです。こうしてエレミヤ書はイエス・キリストの十字架の死と復活によって成就した罪の赦しによる「新しい契約」の希望をさし示す旧約聖書の最大の預言書となったのです。

エレミヤ書一章一一―一三節

（見張る神）


主の言葉がわたしに臨んだ。

「エレミヤよ、何が見えるか。」

わたしは答えた。

「アーモンド（シャーケード）の枝が見えます。」

主はわたしに言われた。「あなたの見るとおりだ。わたしは、わたしの言葉を成し遂げようと
見張っている（ショーケード）。」

主の言葉が再びわたしに臨んで言われた。

「何が見えるか。」
わたしは答えた。「煮えたぎる鍋が見えます。北からこちらへ傾いています。」

「何が見えるか」と、エレミヤは主から問われています。エレミヤは「アーモンド（シャーケード）の枝が見えます」と答えました。春先のまだ暗いうちに咲くアーモンドの花は、あるいはアッシリア帝国の衰えによるイスラエルの希望をさし示しているのかもしれません。しかし、ここでアーモンドの枝はシャーケード「見張る」ことを示しています。神は世界の人間の歩みを絶えず「見張って」おられます。神は「見張る神」であります。

エレミヤは預言者として、この「見張る神」から、あなたは「何が見えるか」と問われています。それは大変重い問いかけであります。エレミヤは単に人間が政治的に期待している世界について語るのではなく、彼は終始世界の動向に注目し、預言者として神が「見張って」おられる世界について語っています。多くの人々は彼の語る言葉に失望し、嘲笑しています。彼は終始孤独の預言者、涙の預言者だったのです。

主の言葉は再びエレミヤに臨み、「何が見えるか」と問いました。エレミヤは「煮えたぎる鍋が見えます。北からこちらへ傾いています」と答えました。「燃えたぎった鍋」は、「北からの災い」を示しています。それは強国アッシリアに代わって、バビロン帝国の到来を告げています。バビロン軍は激しく「燃えたぎる鍋」として、今にもユダの国に、またすべての国々に襲いかかろうとしています。それは世界の大帝国バビロンの侵略でした。

四章六節に「わたしは北から災いを、大いなる破滅をもたらす」とあります。また六章二二―二三節に「見よ、一つの国が北から来る。大いなる国が地の果てから奮い立って来る。弓と投げやりを取り、残酷で、容赦しない。海のとどろくような声を上げ、馬を駆り、戦いに備えて武装している。娘シオンよ、あなたに向かって」とあります。その大帝国バビロンが「燃えたぎる鍋」として、ユダの国に、そして世界に襲いかかろうとしているのです。

イザヤは二一章六節以下に、「さあ、見張りを立てよ。見るところを報告せよ。彼は見るであろう。二頭立ての戦車を。ろばに乗る者、らくだに乗る者を。耳をそばだてて聞け、油断するな」とあります。預言者は真っ暗な夜の寒風の中を見張り台に立って、神が大帝国バビロンの強力な軍隊をもって襲いかかろうとしていることを告げる者です。正に災いが起こり、戦争が起こり、恐ろしい敵が襲いかかろうとしています。預言者はその恐ろしい動向を「見張って」、いち早く民に告げる務めがあります。それは人々が暖かい暖炉を囲んで、のんびりと生活している最中に告げる務めであります。

エレミヤ書二章二b—三節

（若いときの真心、花嫁のときの愛）

主はこう言われる。
わたしは、あなたの若いときの真心、花嫁のときの愛、種蒔かれぬ地、荒れ野での従順を思い起こす。イスラエルは主にささげられたもの、収穫の初穂であった。それを食べる者はみな罰せられ、災いを被った、と主は言われる。

イスラエルの民は先祖にアブラハムをもち、またモーセによる出エジプトを経験した民でした。アブラハムは神から選ばれ、愛された者で、世界の祝福の源でした。主はアブラハムに

「あなたを祝福する人をわたしは祝福し、あなたを呪う者をわたしは呪う」と言われました。それは言葉が通じず、互いに交わりができない世界の只中にあって、新しい世界の祝福の源でした。アブラハムは主イエス・キリストの十字架の死と復活において成就した世界の祝福の源だったのであります。

またイスラエルの民はモーセに導かれて出エジプトを経験した民でした。主は「あの荒野、荒涼とした、穴だらけの地、乾き切った、暗黒の地、だれ一人そこを通らず、人の住まない地に導かれた方」であり（六節）、またその民を「実り豊かな地に導き、味の良い果物を食べさせた」方でした。そして「若いときの真心、花嫁のときの愛」を忘れず、「種蒔かれぬ地、荒れ野での従順」を全うした民でした。それゆえイスラエルの民は「主にささげられたもの、収穫の初穂」であり、「これを食べる者はみな罰せられ、災いを被った」と言われています。

ところが、イスラエルの民は主に約束された土地に入ると、その土地を「忌まわしいもの」に変えたのです。「祭司たちも尋ねなかった。律法を教える人たちはわたしを理解せず、指導者たちはわたしに背き、預言者たちはバアルによって預言し、助けにならぬものの後を追った」とあります（八節）。バアルはその土地の豊穣の神を崇める偶像礼拝でした。それゆえ、主は「わたしはお前たちをあらためて告発し、また、お前たちの子孫と争う」と言われました。イスラエルの民は主の恐ろしい敵となったのです。

事実イスラエルの民はソロモン王の時代の後に北イスラエルと南ユダに分裂したのです。そして紀元前七二一年に北イスラエルはアッシリアによって滅ぼされ、遠き地に捕囚として連行されたのです。そして外国の異教徒たちが北イスラエルに移住して、サマリアは宗教混淆の地となったのです。それゆえサマリアは南ユダの人々から汚れた地として差別されました。それは新約聖書の主イエスの時代まで続きました。

しかし、南ユダの人々は北イスラエルの人々よりも信仰的に優れていると言えるのでしょうか。三章一一節を見ますと、「裏切りのユダに比べれば、背信の女イスラエルは正しかった」とあります。南ユダは「軽薄にも淫行を繰り返して地を汚し、また石や木と姦淫している」とあります。それはマナセ王の時代に頂点に達しました。マナセ王はアッシリアに従って偶像礼拝に陥り、子どもをモレクに捧げ、多くの人々を殺したのです。それゆえ南ユダは北イスラエルよりも主の厳しい審判を受けたのです。彼らはモーセに導かれて荒涼とした荒野を旅した出エジプト時代の「若きときの真心、花嫁のときの愛」を忘れたのです。

エレミヤ書七章四―七節

（主の神殿、主の神殿、主の神殿）

主の神殿、主の神殿、主の神殿という、むなしい言葉に依り頼んではならない。この所で、お前たちの道と行いを正し、お互いの間に正義を行い、寄留の外国人、孤児、寡婦を虐げず、無実の人の血を流さず、異教の神々に従うことなく、自ら災いを招いてはならない。そうすれば、わたしはお前たちを先祖に与えたこの地、この所に、とこしえからとこしえまで住まわせる。

ユダの民は主の神殿を誇りにしていました。それはソロモンが建てた神殿で、エルサレムに堂々と建っていました。ユダの民はこの神殿があれば、主は必ず守ってくださると信じていたのです。ヨシヤ王が地方の聖所を廃し、エルサレムの神殿にその祭儀を集中したとき、ユダの民は大喜びしました。しかし、彼らは迷信的な神殿崇拝に陥っていたのです。

その神殿は紀元前五八七年にバビロンによって完全に破壊されたのです。「主の神殿、主の神殿、主の神殿という、むなしい言葉に依り頼んではならない」というエレミヤの言葉は現実となったのです。ソロモンは「神は果たして地上にお住まいになるでしょうか。天も、天の天もあなたをお納めすることができません。わたしが建てたこの神殿など、なおふさわしくありません」と言っています（列王上八章二七節）。主の神殿はどんなに立派で荘厳であっても、単なる建物にすぎません。そこに主が必ずご臨在されるとは限らないのです。

主イエスも「この神殿を壊してみよ。三日で建て直してみせる」と言われました（ヨハネ二章一九節）。主イエスの言われる神殿とは必ずしも建物のことではなく、その十字架の死と復活によって建てられる御自分の新しい体のことだったのです。

神殿が見事な石と奉納物で飾られていても、主イエスは「一つの石も崩されずに他の石の上に残ることはない」と言われました（ルカ二一章六節）。建物としての主の神殿はどんなに立派で荘厳であっても必ず破壊されます。事実バビロン捕囚の後にエルサレムに帰還したイスラエルの民は、第二神殿を建築しました。そしてヘロデ大王はこの神殿を大改築しました。しかし、紀元七〇年にこの神殿はローマによって破壊されてしまったのです。建物としての神殿は頼むにたらず、むなしかったのです。

主イエスは神殿の境内に入り、そこで売り買いしている人々を追い出し、両替人の台や鳩を売る者の腰掛をひっくり返えして、「わたしの家は、すべての人の祈りの家と呼ばれるべきである」と言われました。それをあなたがたは「強盗の巣」にしてしまったと嘆かれたのです。神殿が神に祈りをささげる場所ではなく、人間の利益追求の場所となっていたのです。

エレミヤは「この所で、お前たちの道と行いを正し、お互いの間に正義を行い、寄留の外国人、孤児、寡婦を虐げず、無実の人の血を流さず、異教の神々に従うことなく、自らの災いを招いてはならない」と言っています。エレミヤはこの神殿説教によって、祭司と預言者たちや、すべての人たちから、「この人の罪は死に当たります」と罵られています。主イエス・キリストもこの神殿を汚した神冒瀆の罪で、「十字架につけよ、十字架につけよ」と狂い叫ぶ民衆の声によって、十字架につけられて殺されたのです。

エレミヤ書一一章二一―二三節

（故郷アナトトの敵意）

それゆえ、主はこう言われる。アナトトの人々はあなたの命をねらい、「主の名によって預言するな。我々の手にかかって死にたくなければ」と言う。それゆえ、万軍の主はこう言われる。「見よ、わたしは彼らに罰を下す。若者らは剣の餌食となり、息子、娘らは飢えて死ぬ。ひとりも生き残る者はない。わたしはアナトトの人々に災いをくだす。それは報復の年だ。」

アナトトはエレミヤの故郷でした。そこに彼の親しい親族や友人、知人たちもおりました。しかし、その彼らがエレミヤに対して「主の名によって預言するな、我々の手にかかって死にたくなければ」と言ったのです。彼らはエレミヤにはげしい敵意をもち、主の名によって預言することを禁じ、その命までも狙おうとしたのです。

ヨシヤ王はその宗教改革によってアナトトの地方聖所を廃し、エルサレム神殿にその祭儀を集中させました。しかし、アナトトの人々はその宗教改革に反対しました。彼らはソロモン王によってその先祖アビアタルがベニヤミンの地アナトトに追放されて以来、彼らはエルサレムの神殿と儀式に対して敵意と反感をもっていました。アナトトの祭司たちはこの宗教改革によって地方聖所が廃止され、その宗教的儀式はエルサレム神殿に集中されたことに失望したのです。エレミヤがこのヨシヤ王の宗教改革に賛同したことは彼らの敵意に火をつけました。彼らの敵意はエレミヤに預言することを禁じるばかりか、その命をも狙うほどに激しいものでした。

しかし、このアナトトの人々の敵意は、単にこのヨシヤ王の宗教改革の時だけに限りません。それは紀元前五八七年のエルサレム神殿が破壊され、民の主だった者たちがバビロンに連行された時にも及んでいます。アナトトもユダの一部でしたので、バビロンによる破壊はアナトトにも及んだのです。エレミヤのバビロンへの降伏の預言はユダを裏切り、その故郷のアナトトをも脅かしたのです。それゆえ、彼らはエレミヤに激しい敵意をもち、彼に預言することを禁じ、その命までも狙うほどだったのです。

ナザレの人々も主イエスに向かって、「この人は大工ではないか。マリアの息子で、ヤコブ、ユダ、シモンの兄弟ではないか。姉妹たちは、ここで我々と一緒に住んでいるではないか」と言いました（マルコ六章三節）。イエスの幼い頃を親しく知っていた故郷ナザレの人々にとって、神の国の福音を説く主イエスの言葉は全く受け入れられなかったのです。彼らは激しい敵意をもって主イエスを迫害し、崖の上から突き落とそうとしたのです。

主イエス・キリストの福音を説くキリスト者にとって、その親しい親族や友人たちまでが、その命までも狙うほどの恐ろしい敵になることがあります。それゆえ、「見よ、わたしは彼らに罰を下す。若者らは剣の餌食となり、息子、娘らは飢えて死ぬ。ひとりも生き残る者はない。わたしはアナトトの人々に災いをくだす。それは報復の年だ」と主はいわれます（二二―二三節）。これは恐ろしい主の報復です。しかし、時代が極まってくれば、親が子どもを訴え、子どもが親や親戚の者を訴えて殺すことも起こりうるのです。

エレミヤ書一五章一〇—一一節

（ああ、わたしは災いだ）

ああ、わたしは災いだ。わが母よ、どうしてわたしを産んだのか。国中でわたしは争いの絶えぬ男、いさかいの絶えぬ男とされている。わたしはだれの債権者になったことも、だれの債務者になったこともないのに、だれもがわたしを呪う。主よ、わたしは敵対する者のためにも幸いを願い、彼らに災いや苦しみの襲うとき、あなたに執り成しをしたではありませんか。

エレミヤは「ああ、わたしは災いだ」という悲痛な叫びをあげています。「わが母よ、どうしてわたしを産んだのか」と嘆いています。二〇章一七節でも、「呪われよ。わたしの生まれた日は」と言い、「なぜ、わたしは母の胎から出て、労苦と嘆きに遇い、生涯を恥の中に終わらねばならないのか」（二〇章一八節）と叫んでいます。

ヨブは「わたしが生まれた日は消え失せよ」と言い、また「その日は闇となれ。神が上から顧みることなく、光もこれを輝かすな」と叫んでいます（ヨブ三章三節以下）。それは耐えがたい苦難にあって、人生に傷つき失望した者の叫びです。エレミヤは主の預言者として激しい苦難を経験し、傷つき倒れ、人生に失望して、自分を産んだ母をも恨んだのです。

しかし、人生は神の賜物です。どんなに辛い厳しい人生であっても、神が共におられます。そこに慰めと希望があります。詩編二二編一〇節では、「わたしを母の胎から取り出し、その乳房に委ねてくださったのはあなたです。母がわたしをみごもったときから、わたしはあなたにすがってきました。母の胎にあるときから、あなたはわたしの神」と言って、母の胎から取り出してくださった神に慰めと希望を見出しています。

しかし、エレミヤは今絶望のどん底にいます。彼は一度も人に金を貸したり、借りたりしたことはありません。それなのに国中で一番「争いの絶えぬ男、いさかいの絶えぬ男」とささやかれています。彼は問題児なのです。「だれもがわたしを呪う」のです。彼は故郷のアナトトの親しい親戚の人々からも、またユダの人々からも嫌われ、呪われています。

しかし、アブラハムは敵であるソドムとゴモラのために執り成しの祈りをささげています。エレミヤも、「主よ、わたしは敵対する者のためにも幸いを願い、彼らに災いや苦しみの襲うとき、あなたに執り成しをした」ことを忘れないでほしいと訴えています。しかし、彼の語る預言の言葉は当時のユダの人々から全く受け入れられなかったのです。

このエレミヤの告白はおそらくバビロン捕囚時のことと思われます。ユダの町はバビロンによって宮廷も神殿もみな焼き払われ、徹底的に破壊され、滅ぼされたのです。エレミヤは生涯人々から受け入れられなかったのです。「なぜ、わたしの痛みはやむことなく、わたしの傷は重くて、癒えないのですか。あなたはわたしを裏切り、当てのない流れのようになられました」と呟いています（一八節）。エレミヤは神に裏切られたとさえ言っています。

しかし、その絶望のどん底において、それを直視しない希望は真の希望ではありません。エレミヤはその「抜き、壊し、滅ぼし、破壊する」神の審判のどん底で、「建て、植える」神による希望を見出したのです。

エレミヤ書一六章一―四節

（妻をめとってはならない）

主の言葉がわたしに臨んだ。「あなたはこのところで妻をめとってはならない。息子や娘を得てはならない。」このところで生まれる息子、娘、この地で彼らを産む母、彼らをもうけた父について、主はこう言われる。「彼らは弱り果てて死ぬ。嘆く者も、葬る者もなく、土の肥やしとなる。彼らは剣と飢饉によって滅びる。その死体は空の鳥、野の獣の餌食となる。」

エレミヤは主から「あなたは妻をめとってはならない」と言われました。結婚を禁じられたのです。それは決して独身的禁欲生活の勧めではありません。結婚は聖なるもので、夫と妻とが結ばれて一体となることです。その生涯を喜びと悲しみを共にしつつ、二人は死んで同じ墓に葬られます。それは主が定められた聖なる秩序であります。それゆえ、独身的禁欲生活は理想ではなく、異常なことでした。パウロも独身でした。しかし、彼は聖なる結婚生活を邪魔にするものでなく、むしろ結婚を奨励しています。

したがってエレミヤの独身生活は、他の人々から区別するしるしでした。主は預言者エゼキエルに、彼の愛する妻が死んだとき、「人の子よ、あなたの目の喜びを、一撃をもってあなたから取り去る。あなたは嘆いてはならない。泣いてはならない。涙を流してはならない。声をあげずに悲しめ。死者の喪に服すな」と言われています（エゼキエル二四章一五節以下）。神の命令によって、エゼキエルは弔いの社会の習慣をすべて破ったのです。エレミヤの独身生活も同じでした。

主はエレミヤに、「妻をめとってはならない。息子や娘を得てはならない」と言われました。それは災いの時が来たりつつあるからです。社会の通常の生活はもはや通用しません。弔いの儀式さえも通用しないのです。主はこう言われます。「彼らは弱り果てて死ぬ。嘆く者も、葬る者もなく、土の肥やしとなる。彼らは剣と飢饉によって滅びる。その死体は空の鳥、野の獣の餌食となる」（三、四節）。バビロン軍の侵略によって、このような悲劇が現実となったのです。

わたしは過去において日本が犯した戦争の悲劇を思い起こします。開拓団の多くの人々が集団自決をし、子どもを川や野に捨てて殺し、着る物もなく裸で、乞食になって食べ物を求めて歩いたのです。多くの人々が残留婦人や残留孤児となり、中国人の妻となり、大陸の大地で故郷を思いながら、人々に忘れられて死んでいったのです。それは正に、「彼らは弱り果てて死ぬ。嘆く者も、葬る者もなく、土の肥やしとなる。彼らは剣と飢饉によって滅びる。その死体は空の鳥、野の獣の餌食となる」という悲劇が現実となったのです。エレミヤの独身生活はその悲劇の時代の象徴でした。

人類の歴史は戦争の繰り返しです。創世記一一章のバベルの塔の物語にあるように、高い塔を建てて神を侮った人間が、互いに言葉が通じなくなり、交わりがもてなくなって世界に散らされた悲劇がくり返されています。バビロン軍に追われて破壊されたイスラエルの民は、分裂した世界の悲劇の象徴です。

エレミヤ書二〇章七―九節

（ああ、主がわたしを惑わした）

主よ、あなたがわたしを惑わし、わたしは惑わされて、あなたに捕らえられました。あなたの勝ちです。わたしは一日中、笑い者にされ、人が皆、わたしを嘲ります。わたしが語ろうとすれば、それは嘆きとなり、「不法だ、暴力だ」と叫ばずにはいられません。主の言葉のゆえに、わたしは一日中、恥とそしりを受けねばなりません。主の名を口にすまい、「もうその名によって語るまい、と思っても／主の言葉は、わたしの心の中、骨の中に閉じ込められて、火のように燃え上がります。押さえつけておこうとして、わたしは疲れ果てました。わたしの負けです。

エレミヤは「主がわたしを惑わした」と言っています。「惑わした」とは「欺いた」「裏切った」ともとれる言葉です。それはエレミヤの激しい葛藤と苦悶の告白でした。

エレミヤは主によって召された預言者でした。主は彼を世界のどこに遣わされようとも、「わたしがあなたと共にいて、必ず救い出す」と約束されました。ところが、神は彼を支え救い出してくださらなかったのです。人々はエレミヤの預言者として語る言葉を聞いても、彼を「笑い者」にして「嘲った」のです。主の神殿の最高監督者である祭司パシュフルはエレミヤの言葉を聞いて、彼を捕らえ、拘留しました。彼は国家の裏切り者だったからです。

それゆえ、エレミヤが預言者として語ろうとしても、それは「不法だ、暴力だ」と叫ばずにいられませんでした。主の言葉を語る預言者であったがゆえに、彼は一日中恥とそしりをうけ、笑い者となり嘲られたのです。「わたしの見方だった者も皆、わたしが躓くのを待ち構えて」いるとさえ言っています。

エレミヤが彼らに求めたものは、彼を神の預言者として受け入れ、その心の中に純粋な悔い改めを起こすことでした。しかし、彼らはその深刻な預言者としての警告を嘲り、無視し、傷つけたのです。エレミヤは人々から支持されない全くの孤独な預言者、涙の預言者だったのです。それゆえ、エレミヤは神が彼らに「復讐する」ことさえも望んでいます。

預言者として召され、生きることは容易なことでありません。それは人々に嘲笑され、嘲られることを覚悟しなければなりません。エレミヤは主の召しに抵抗して、「主の名を口にすまい。もうその名によって語るまい」と決心しても、「主の言葉はわたしの心の中、骨の中に閉じ込められて、火のように燃えあがります。抑えつけておこうとして、わたしは疲れ果てました。わたしの負けです」と言っています。

預言者として語ることは、人々に喜ばれ、気にいられることを語ることではありません。むしろ彼らに喜ばれない、気にいられない言葉をあえて語ることを覚悟しなければなりません。エレミヤはあのヤコブのように神と格闘したのです。それはその全存在をかけての壮絶な格闘でした。そしてその格闘に敗北し、絶望したのです。ヤコブはその神との格闘によって「イスラエル」という名を与えられましたが、エレミヤが預言者として与えられたものは「絶望」でした。しかし、その「絶望」があって初めて、彼は預言者としての新しい希望の光を見出したのです。「わたしの負けです」といって、神の勝利に服従しています。

エレミヤ書二〇章一四—一八節

（生まれた日を呪う）

呪われよ、わたしの生まれた日は。母がわたしを産んだ日は祝福されてはならない。呪われよ、父に良い知らせをもたらし、あなたに男の子が生まれたと言って、大いに喜ばせた人は。その人は、憐れみを受けることなく、主に滅ぼされる町のように、朝には助けを求める叫びを聞き、昼には鬨の声を聞くであろう。その日は、わたしを母の胎内で殺さず、母をわたしの墓とせず、はらんだその胎を、そのままにしておかなかったから。なぜ、わたしは母の胎から出て労苦と嘆きに遭い、生涯を恥の中に終わらねばならないのか。

エレミヤは自分の「生まれた日」を呪っています。「呪う」とは恐ろしい言葉です。それは自分の人生を呪い、激しく否定しています。一五章一一節では、「ああ、わたしは災いだ。わが母よ、どうしてわたしを産んだのか」と言って嘆いています。母がわたしを産んだ日は、本来なら「祝福」されることですが、彼は母が生んだ日を呪い、災いだと言って嘆いています。「呪われよ。父に良い知らせをもたらし、あなたに男の子が生まれたと言って、大いに喜ばせた人は」とも言っています。しかし、エレミヤは冒瀆寸前です。神と父と母を呪う者は、神を冒瀆する者です。しかし、エレミヤは神を呪い、父と母を呪ってはいません。彼が呪っているのは、父に良い知らせをもたらし、あなたに男の子が生まれたと言って、大いに喜ばせた使者に対してでした。

子どもが生まれることは良い知らせです。神がその人を土の塵から形つくり、その鼻に息を吹き入れて、人は生きる者とされたのです（創世二章七節）。それは本来父も母も大喜びすることです。エレミヤは母の胎内に造られる前から、神に知られ、聖別され、世界の預言者として立てられた人でした。しかし、それはエレミヤにとって大変重い任務でした。彼が預言者として召されて、神の言葉を人々に語れば語るほど、人々は彼から離れ、その言葉を受け入れなかったのです。彼は国家の裏切り者として、人々から笑い者にされ、罵られたのです。そして人々に捕らえられ、牢に入れられ、死の危険にさらされています。

それゆえ、彼は「もうその名を口にすまい、もうその名によって語るまい」と決心したのです。しかし、エレミヤは、「主の言葉は、わたしの心の中、骨の中に閉じ込められて、火のように燃えあがります。押さえつけておこうとして、わたしは疲れ果てました。わたしの負けです」と言っています。彼は神との格闘に敗北したのです。それゆえ、彼の生涯は絶望のどん底に置かれたのです。しかし、彼はその絶望のどん底において、預言者として生きる新しい希望の光を見出したのです。

一八節で、エレミヤは、「なぜ、わたしは母の胎内から出て、失望と嘆きに遭い、生涯を恥の中に終わらねばならないのか」と言っています。しかし、彼の絶望に満ちた人生があったからこそ、エレミヤは罪の赦しによる「新しい契約」の希望の光を見出したのです

エレミヤ書二四章五—一〇節

（良いイチジクと悪いイチジク）

「イスラエルの神、主はこう言われる。このところからカルデア人の国へ送ったユダの捕囚の民を、わたしはこの良いいちじくのように見なして、恵みを与えよう。彼らに目を留めて恵みを与え、この地に連れ戻す。彼らを建てて、倒さず、植えて、抜くことはない。そしてわたしは、わたしが主であることを知る心を彼らに与える。彼らはわたしの民となり、わたしは彼らの神となる。彼らは真心をもってわたしのもとへ帰って来る。

主はまたこう言われる。ユダの王ゼデキヤとその高官たち、エルサレムの残りの者でこの国にとどまっている者、エジプトの国に住み着いた者を、非常に悪くて食べられないいちじくのようにする。わたしは彼らを、世界のあらゆる国々の恐怖と嫌悪の的とする。彼らはわたしが追いやるあらゆるところで、辱めと物笑いの種、嘲りと呪いの的となる。わたしは彼らに剣、飢饉、疫病を送って、わたしが彼らと父祖たちに与えた土地から滅ぼし尽くす。」

紀元前五九七年に、ヨヤキン王はエルサレムの上層部の者、民の中の熟練工や肉体の強健な者と共に、異教の地バビロンに捕らえ移されました。ヨヤキン王はわずか三か月でその王は叔父ゼデキヤに代わりました。エルサレムに残された者たちは、捕らえ移された者たちを哀れみのまなざしで見ていました。彼らはエルサレムに残っていることは、神の都にいて神殿で恵みに近づき、神の保護と顧みを受けると信じていたのです。彼らは自分たちの信仰にとって不可欠なものを何も失っていなかったが、捕囚民たちはすべてを失ったと考えていたのです。

しかし、ここでエレミヤは二つの籠に入っているイチジクの譬えをもって語っています。一つの籠に入っているイチジクは非常に良くて食べられますが、もう一つの籠に入っているイチジクは非常に悪くて食べられないのです。神はバビロンに送った捕囚民を良いイチジクとみなし、エルサレムの残っている民を悪いイチジクと見なしています。

神は捕囚民たちに目を留めて恵みを与え、この地に連れ戻します。彼らを「建てて、倒さず、植えて、抜くことはない」と言い、「彼らはわたしの民となり、わたしは彼らの神となる」と言われます。しかし、神はエルサレムに留まっているゼデキヤ王とその高官たち、エジプトの地に住み着いた者を、非常に悪くて食べられないイチジクにすると言われます。「わたしは彼らを、世界のあらゆる国々の恐怖と嫌悪の的とする。彼らはわたしが追いやるあらゆるところで、辱めと物笑いの種、嘲りと呪いの的となる。わたしは彼らに剣、飢饉、疫病を送って、わたしが彼らの父祖たちに与えた土地から滅ぼし尽くす」といわれます。

彼らは自分たちには伝統的特権のすべてがあり、神の恩恵に浴していると思い込んでいただけでした。しかし、神は軽蔑された捕囚民たちと共にあります。彼らは以前には不可欠と見なしていた多くのものを奪われ、寒い残酷な世界に投げ捨てられたのです。しかし、彼らはそこにおいても神は共におられ、神の目的は建設的に働いていたのです。彼らは悲劇の教訓から真の悔い改めに至り、再び彼らは神の民であることを発見するのです。損失と思わされることが、しばしば益となるのです。

エレミヤ書二八章一〇―一一節

（偽預言者ハナンヤ）

すると預言者ハナンヤは、預言者エレミヤの首から軛をはずして打ち砕いた。そして、ハナンヤは民すべての前で言った。
「主はこう言われる。わたしはこのように、二年のうちに、あらゆる国々の首にはめられているバビロンの王ネブカドネツァルの軛を打ち砕く。」
そこで、預言者エレミヤは立ち去った。

ゼデキヤ王の治世の初めに、預言者ハナンヤが二年のうちにバビロン捕囚から解放されて、王と同胞国民は神殿の聖具と共に連れ戻されると預言しました。それは第一回バビロン捕囚の数年後のことでした。エレミヤはバビロンに服従すべきことを説いて、そのしるしとして首に木の軛を負っていました。ハナンヤはエレミヤの首から軛をはずして打ち砕き、「主はこう言われる。わたしはこのように、二年のうちに、あらゆる国々の首にはめられているバビロンの王ネブカドネザルの軛を打ち砕く」と言いました。「二年のうちに」とはほんの数年のうちにバビロンの軛は打ち砕かれ、王と同胞国民と神殿の聖具は帰って来ると預言したのです。

ハナンヤは「主は言われる」と預言しました。それはエレミヤの預言と全く同じでした。ユダと周りの国々の人々は、ハナンヤの楽観的な平和の預言を歓迎しました。それは愛国的で自由と平等の理想によって強力に支持されたのです。それに反して、エレミヤの預言は親バビロン派的で、敗北主義で国家の裏切り者と見なされたのであります。

エレミヤはそこを立ち去りました。エレミヤはもはや何を言っても無駄だと思ったのでしょう。しかし、エレミヤはハナンヤの預言に屈服したのではなく、自分もそれを望んでいるが、それは実現しないと考えていたのです。

その後エレミヤに主の言葉が再び臨んで、ハナンヤに「お前は木の軛を打ち砕いたが、その代わりに、鉄の軛を作った。わたしは、これらの国すべての首に鉄の軛をはめて、バビロン王ネブカドネザルに仕えさせる。彼らはその奴隷となる」と言いました。そして「ハナンヤよ、よく聞け。主はお前を遣わされていない。お前はこの民に安心させようとしているが、それは偽りである」。それゆえ主はこう言われる。「わたしはお前を地の面から追い払う。お前は今年のうちに死ぬ。主に逆らって語ったからだ」と言いました。そのとおり、ハナンヤはその年の七月に死にました。

二七章九節以下で、エレミヤは「あなたたちは、預言者、占い師、夢占い、卜者、魔法使いたちに聞き従ってはならない。彼らは、バビロン王に仕えるべきでないと言っているが、それは偽りの預言である。彼らに従えば、彼らは国土を遠く離れることになる。わたしはあなたたちを追い払い、滅ぼす。しかし、首を差し出してバビロン王に仕えるならば、わたしはその国民を国土に残す、と主は言われる。そして耕作させ、そこに住まわせる」と言いました。そして二七章一二節で、ゼデキヤ王に「首を差し出して、バビロン王の軛を負い、彼とその民に仕えよ。そうすれば命を保つことができる。どうして、あなたもあなたの民も、剣、飢饉、疫病などで死んでよかろうか」と言っています。エレミヤは国家の裏切り者ではなく、むしろ彼らの命を惜しみ、命と飢饉と疫病から守る真の愛国者だったのです。

エレミヤ書二九章四―七節

（家を建てて住み、園に果樹を植えて）

「イスラエルの神、万軍の主はこう言われる。わたしは、エルサレムからバビロンへ捕囚として送ったすべての者に告げる。家を建てて住み、園に果樹を植えてその実を食べなさい。妻をめとり、息子、娘をもうけ、息子には嫁をとり、娘は嫁がせて、息子、娘を産ませるように。そちらで人口を増やし、減らしてはならない。わたしが、あなたたちを捕囚として送った町の平安を求め、その町のために主に祈りなさい。その町の平安があってこそ、あなたたちにも平安があるのだから。

第一回バビロン捕囚の後、エレミヤはその捕囚民に対して手紙を送りました。それはその捕囚の只中で、「家を建てて住み、園に果樹を植えてすべての実を食べなさい。妻をめとり、息子、娘をもうけ、息子には嫁をとり、娘は嫁がせて、息子、娘を産ませるように。そちらで人口を増やし、減らしてはならない。わたしが、あなたたちを捕囚として送った町の平安を求め、その町のために主に祈りなさい。その町の平安があってこそ、あなたたちにも平安があるのだから」というものでした。

バビロン捕囚は七十年にわたる長いものでした。ユダの民は宮殿も神殿も火で焼かれ、王も民の指導者たちも、神殿の聖具とともに、遠きバビロンの地に捕囚として連れ去られたのです。ダビデ王朝は壊滅し、イスラエルは亡国の民となったのです。それはユダの捕囚民にとって屈辱的なことでした。彼らはその異教の地で人の一生にあたる長い年月を過ごさなければならなかったのです。

彼らはあの中国大陸で残留婦人や孤児たちのように、またシベリヤに抑留された人たちのように、寒さと飢えに苦しみ、次々と死んでゆく同胞を悼みながら、遠き祖国の日本を思って望郷の念に涙したのです。

エレミヤはその捕囚民たちに手紙を送り、その捕囚の地に留まって、家を建て、園に果樹を植え、その実を食べるように勧めています。そこで妻をめとり、息子、娘をもうけ、その息子には嫁をとり、娘は嫁がせて、息子、娘を産ませるように勧告しています。その捕囚の苦しみは孫に至るまでもの長い道のりがかかったのです。その捕囚の地で人口を増やし、減らしてはならないと言っています。昔のエジプトにおいてヘブル人たちは多くの子どもを産み、人口を増やして彼らは強くなりました。

しかし、エレミヤがそこで求めたものは、何よりも「その町のために主に祈ることだったのです。バビロン捕囚の地でどんなに辱めにあっても、その異教の地のために祈ることを勧めたのです。それは「その町の平安があってこそ、あなたがたにも平安がある」からです。それは捕囚民のシャローム（平安）は、その町のシャローム（平安）と密接に関係していたからです。自分たちの国を滅ぼし、その平安をおびやかす敵のために祈ることは容易なことでありません。しかし、主イエスは「あなたがたは敵を愛し、あなたがたを迫害する者のために祈りなさい」と勧めておられます（マタイ五章四四節）。エレミヤはそのバビロン捕囚の最も厳しい時代の只中で、彼らのために祈ることを勧めたのです。

エレミヤ書二九章一一―一四節

（わたしに祈り求めるなら、わたしは聞く）

わたしは、あなたたちのために立てた計画をよく心に留めている、と主は言われる。それは平和の計画であって、災いの計画ではない。将来と希望を与えるものである。そのとき、あなたたちがわたしを呼び、来てわたしに祈り求めるなら、わたしは聞く。わたしを尋ね求めるならば見いだし、心を尽くしてわたしを求めるなら、わたしに出会うであろう、と主は言われる。わたしは捕囚の民を帰らせる。わたしはあなたたちをあらゆる国々の間に、またあらゆる地域に追いやったが、そこから呼び集め、かつてそこから捕囚として追い出した元の場所へ連れ戻す、と主は言われる。

詩編一三七編の著者は、「バビロンの流れのほとりに座り、シオンを思ってわたしは泣いた。竪琴は、ほとりの柳の木々に掛けた。わたしたちを捕囚した民が、歌を歌えと言うから、わたしたちを嘲る民が、楽しもうとして、『歌って聞かせよ、シオンの歌を』と言うから。どうして歌うことができようか、主のための歌を、異教の地で」と言っています。

それは遠きバビロンの捕囚の地で、異教の人々の嘲りを受けて、「歌って聞かせよ、シオンの歌を」と要求されて、それに抵抗しているユダヤ人の様子が描かれています。

かつて中国大陸に取り残された多くの日本人たちは、そこで日本の悲しい歌を歌い、望郷の念に満たされて、いつか日本に帰ることをひたすら願っていたのです。

バビロン捕囚は七十年に及ぶ長い年月が続きます。それは日本が中国や朝鮮、台湾を植民地として支配した時代に当たります。そこで彼らに日本語を強制し、その名を日本名に改名し、多くの現地人を日本兵として戦争にかり出したのです。その残酷さは現地の人々にとって忘れられない悲劇でした。

バビロンには親しく礼拝した神殿はありません。捕囚民は何を信じて生きていったら良いのでしょうか。しかし、エレミヤはその彼らに、神が立てた計画があると言っています。それは

「平和の計画であって、決して災いの計画ではない、彼らに将来と希望を与えるものである」と言っています。神は天地万物を創造し、歴史を支配している全能の神です。異教の地にも神の摂理の御手は働いています。神はただ単にエルサレムの神殿だけにおられるのではありません。神殿はなくても、その異教の厳しい地においても、神は共におられ、神を礼拝することはできます。神は「そのとき、あなたたちがわたしを呼び、来てわたしに祈り求めるなら、わたしは聞く。わたしを尋ね求めるならば見出し、心を尽くしてわたしを求めるなら、わたしに出会うだろう」と言っています。

わたしは満州から引き揚げて来て兵庫家の八鹿という田舎町で高校の教師をしていた父が脳溢血で倒れました。都会育ちの母は途方に暮れて生活に困り、幼い三人の子どもを連れて、そこからバスで三十分ほど入った父の実家に帰り、初めて農業をしてわたしたち三人の子どもを育ててくれたのです。母の苦労は並大抵ではありませんでした。教会も日曜学校もありません。しかし、そこにも神はおられたのです。やがてわたしはその町にできた小さな伝道所で洗礼を受け、東京神学大学に入学したのです。

真の信仰は異教のバビロンの地で、逆境のどん底にあっても、そこに共におられる神を信じ、心から祈り求めるならば、必ず新しい道を見出すことができると信じます。

エレミヤ書三一章一五―一七節

（ラケルの泣き叫ぶ声）

主はこう言われる。ラマで声が聞こえる。苦悩に満ちて嘆き、泣く声が。ラケルが息子たちのゆえに泣いている。彼女は慰めを拒む。息子たちはもういないのだから。主はこう言われる。泣きやむがよい。目から涙をぬぐいなさい。あなたの苦しみは報いられる、と主は言われる。息子たちは敵の国から帰って来る。あなたの未来には希望がある、と主は言われる。息子たちは自分の国に帰って来る。

ラケルはヤコブの妻で、ヨセフとベニヤミンの母でした。そのラケルは死んで、ラマにその墓があると言われます。ラケルは自分の子どもを失って苦悩に満ち、嘆き泣いているのです。その子ヨセフはエジプトに売られ、ベニヤミンは死産で生まれた子でした。ラケルが泣いていたのは、その二人の子を失ったからではなく、イスラエルの民が遠きバビロンの地に捕囚として連れて行かれたからであります。ラケルはラマの墓の中からその悲運を見て嘆き泣いたのであります。「彼女は慰めを拒む」とあります。それは自分の子を失って慟哭し、激しい嘆きと悲しみに満ちていたのです。

マタイによる福音書二章一三節以下に、ヘロデ王に二歳以下の子どもを殺されたベツレヘム周辺の人々の嘆き悲しむ声が記されています。世界にはこの自分の子を失う悲運を嘆き泣き叫ぶ声に満ちています。それは慰めさえも拒む深い母の嘆きと悲しみであります。

主イエスは幼くして父ヨセフに守られて、この悲運に満ちたエジプトに行き、そこから再び故郷に帰る経験をしています。彼はバビロン捕囚の悲しみと苦しみを担われたのです。

しかし、神はこのラケルに「泣きやむがよい。目から涙をぬぐいなさい。あなたの苦しみは報いられる」と言われました。ラケルの子どもたちは永遠に取り去られたのではなく、まもなく敵の国から帰って来ると言われたのです。それは未来の新しい希望であります。それは単なるイスラエルの過去の栄光への帰還ではありません。栄光に満ちたダビデ王朝はもはや過去のものとなったのです。その過去の罪を悔い改めて帰って来るイスラエルの民を、神は喜んで迎え入れられます。

あの放蕩息子が父のもとを去り、遠き地に行って自分の好き勝手に生きて行きづまり、「わたしは天に対しても、またお父さんに対しても罪を犯しました。もう息子と呼ばれる資格はありません。どうか雇人の一人にしてください」と言って、父のもとに帰って行ったとき、父は「この息子は死んでいたのに生き返り、いなくなっていたのに見つかった」と言って、喜んで息子として迎え入れました（ルカ一五章八節以下）。神はそのように悔い改めて帰って来るイスラエルの民を喜んで息子として迎え入れてくださいます。

ユダの捕囚民はこうしてバビロン捕囚の地から解放されてエルサレムに帰還し、新しい神殿を建てて、神を礼拝することになったのです。しかし、それで終わりではありません。神はそのユダの捕囚民と罪の赦しによる「新しい契約」を結ばれたのです。新約聖書のイエス・キリストもその十字架の死と復活によって民と結んだ新しい契約を成就し、民の罪を赦し、新しい律法に生かす希望を与えられたのです。

エレミヤ書三一章三一―三四節

（新しい契約）

見よ、わたしがイスラエルの家、ユダの家と新しい契約を結ぶ日が来る、と主は言われる。この契約は、かつてわたしが彼らの先祖の手を取ってエジプトの地から導き出したときに結んだものではない。わたしが彼らの主人であったにもかかわらず、彼らはこの契約を破った、と主は言われる。しかし、来るべき日に、わたしがイスラエルの家と結ぶ契約はこれである、と主は言われる。すなわち、わたしの律法を彼らの胸の中に授け、彼らの心にそれを記す。わたしは彼らの神となり、彼らはわたしの民となる。そのとき、人々は隣人どうし、兄弟どうし、「主を知れ」と言って教えることはない。彼らはすべて、小さい者も大きい者もわたしを知るからである、と主は言われる。わたしは彼らの悪を赦し、再び彼らの罪に心を留めることはない。

「見よ、わたしがイスラエルの家、ユダの家と新しい契約を結ぶ日が来る」。これはエレミヤ書の頂点をなす約束です。これはまた新約聖書のイエス・キリストの十字架の死と復活において成就した罪の赦しによる「新しい契約」をさし示しています。

「イスラエルの家」と「ユダの家」とありますが、これは全イスラエルと結んだ「新しい契約」をさしています。しかし、主は「わたしが彼らの主人であったにもかかわらず、彼らはこの契約を破った」と言われます。つまり、彼らは神がかつてモーセによってエジプトの奴隷の家から導き出して、イスラエルの民と結んだ「シナイ契約」を破ったと言われたのです。

それは二枚の石の板に刻まれた十戒による律法の教えを含んでいました。イスラエルは神が与えられた古い「シナイ契約」を喜んで受け取り、「心を尽くし、魂を尽くし、力を尽くして」、主なる神を愛する義務を果たしたのです（申命六章五節）。しかし、彼らは「乳と蜜の流れる」カナンの地に入ると、その地の豊饒の神バアルを礼拝する偶像礼拝に陥ったのです。そのために彼らは神の厳しい審判を受けて、北イスラエルは紀元前七二二年にアッシリヤによって滅ぼされ、南ユダは紀元前五八七年にバビロンによって滅ぼされたのです。それは宮殿も神殿も焼き払われて、彼らは王も高官も民の主だった人々も皆、神殿の聖具とともにバビロンの異教の地に捕囚として連れていかれたのです。

しかし、エレミヤは、その「抜き、壊し、滅ぼし、破壊する」神の厳しい審判の只中に、また「建て、飢える」という神の新しい希望があることを告げています。それが「新しい契約」と呼ばれる罪の赦しによる希望でした。エレミヤは単なる神の審判の預言者であるだけでなく、また希望の預言者でもあったのです。

ルカによる福音書二二章二〇節に、「この杯は、あなたがたのために流されるわたしの血による新しい契約である」とあります。それはイエス・キリストが十字架の死によって成就した罪の赦しによる「新しい契約」でした。「古い者は過ぎ去った。見よ、すべてが新しくなった」のです（Ⅱコリント五章一七節）。主は「わたしの律法を彼らの胸の中に授け、彼らの心にそれを記す」、また「わたしは彼らの神となり、彼らはわたしの民となる」、「わたしは彼らの悪を赦し、再び彼らの罪に心を留めることはない」と言われたのです。

エレミヤ書三二章九―一五節

（アナトトの畑を買う）

そこで、わたしはいとこのハナムエルからアナトトにある畑を買い取り、銀十七シェケルを量って支払った。わたしは、証書を作成して、封印し、証人を立て、銀を秤で量った。そしてわたしは、定められた慣習どおり、封印した購入証書と、封印されていない写しを取って、マフセヤの孫であり、ネリヤの子であるバルクにそれを手渡した。いとこのハナムエルと、購入証書に署名した証人たちと、獄舎にいたユダの人々全員がそれを見ていた。そして、彼らの見ている前でバルクに命じた。

「イスラエルの神、万軍の主はこう言われる。これらの証書、すなわち、封印した購入証書と、その写しを取り、素焼きの器に納めて長く保存せよ。イスラエルの神、万軍の主が、『この国で家、畑、ぶどう園を再び買い取る時が来る』と言われるからだ。」

エレミヤは主の獄舎にいました。その時いとこのハナムエルが来て、「アナトトにあるわたしの畑を買い取ってください。あなたが、親族として買い取り所有する権利があるからです」と言いました。エレミヤは獄にいても、外部の者が自由に出入りできたのです。エレミヤは銀十七シュケルを量って支払いました。なぜハナムエルがアナトトの畑を売りに出したのかわかりません。それはおそらくバビロン軍の侵入を恐れて、それを売って自分はどこかに逃れたいと思ったのかもしれません。

エレミヤは購入証書とその写しを作成し、ネリヤの子バルクに手渡しました。いとこのハナムエルと購入証書に署名した証人たちと、獄舎にいたユダの人々全員がそれを見ていました。彼らの見ている前で、バルクに命じて言いました。

「イスラエルの神、万軍の主はこう言われる。これらの証書、すなわち、封印した購入証書と、その写しを取り、素焼きの器に納めて長く保存しなさい。イスラエルの神、万軍の主が『この国で家、畑、ぶどう園を再び買い取る時が来る』と言われるからだ」。

エレミヤが将来アナトトに行って、家や畑やぶどう園をもって、商業活動をする時が来るとは限りません。おそらくそれは不可能なことでした。彼はバビロン軍によってエルサレムが破壊されて、多くの有力な人々がバビロンの地に捕囚として連行されたとき、彼は獄舎から解放されて、ゲダルヤのミツバを首都とした新政府に参加しました。しかし、そのゲダルヤが暗殺されたので、ユダの残党たちはバビロン軍の報復を恐れて、エレミヤを連れてエジプトに逃げました。エレミヤはそのエジプトで死んだと思われます。

それゆえ、エレミヤがアナトトに帰って家と畑とぶどう園を再び買い取って、日常的な商業活動に従事することは不可能なことでした。それではなぜ彼はこのユダ滅亡の厳しい時に、ハナムエルの畑を買い取ったのでしょうか。それは将来「新しい契約」が成就する時、罪に赦しを受けて、アナトトの家と畑とぶどう園を再び買い取って、日常的に商業活動をする時が必ず来ることをさし示しています。バルクは購入証書とその写しを素焼き器に入れて長く保存しなければなりませんでした。それは罪の赦しによって「新しい契約」が成就する時に与えられるエレミヤの将来の希望を象徴しています。

エレミヤ書三四章八―一一節

（奴隷解放の偽り）

ゼデキヤ王が、エルサレムにいる民と契約を結んで奴隷の解放を宣言した後に、主からエレミヤに臨んだ言葉。その契約は、ヘブライ人の男女の奴隷を自由の身として去らせ、また何人であれ同胞であるユダの人を奴隷とはしないことを定めたものである。この契約に加わった貴族と民は、それぞれ男女の奴隷を自由の身として去らせ、再び奴隷とはしないという定めに従って去らせた。しかしその後、彼らは態度を変え、いったん自由の身として去らせた男女の奴隷を再び強制して奴隷の身分とした。

紀元前五八八年の初めに、バビロン軍はエジプト軍に対応するために一時的にエルサレムの包囲を解きました。ゼデキヤ王が同胞のヘブライ人奴隷を解放する契約を結んだのは、エルサレムがバビロン軍によって包囲されていた時のことでした。

それは厳粛な契約でした。その契約の理由はおそらく町が包囲されている危機的状態にあって奴隷を所有することは余分の負担がかかると考えたからでしょう。それは出エジプト記二一章一節以下に、奴隷は六年所有すると七年めに自由にするという律法規定に従ったと言えます。エルサレムが包囲された危機的状態にあっては、未来の安全を確保するために神の律法規定に従う必要があると考えたのです。

ところが、バビロン軍が一時的にエルサレムから撤退し始めると、民はまた奴隷を解放することは早すぎると考えたのであります。それゆえ、彼らはたちまちすぐ前の奴隷解放の契約を破ったのです。彼らは敵の危機が去れば、また奴隷が必要になったのです。それはあまりにも自分身勝手にすぎる態度といえます。

契約の儀式は非常に厳粛なものでした。契約当事者は二つに裂かれた動物の間を通り、契約に違反すれば、その当事者の運命は二つに裂かれることが定められていました。その厳粛な契約を彼らは破廉恥にも身勝手な理由で破ったのです。

エレミヤは、エジプト軍に対する対応から一時エルサレムの包囲を解いていたバビロン軍が、また戻ってきて彼らを厳しく裁くと預言しました。それはエレミヤの単なる政治的判断によったのではなく、そこに神を恐れないユダの民の身勝手な振る舞いを、神が厳しく裁かれると説いたのです。

ゼデキヤ王は民が結んだ奴隷解放の契約を厳粛に守ることを勧めませんでした。彼はむしろ民が結んだ奴隷解放の契約を自分勝手な理由で軽々しく破ることを容認したのです。神を恐れることなしに、一度出した奴隷解放の契約を、自分の都合で忘れ去ったことは厳しく裁かれます。

ゼデキヤ王はその政治的判断の無策のゆえに、民の自分勝手な奴隷解放の契約を破ることを容認しました。彼は神を恐れることの厳しさを計算に入れていなかったのです。そこにゼデキヤ王とその民の軽率さがありました。そこにバビロン軍によってエルサレムが徹底的に破壊される原因があったと言えます。

エレミヤ書三六章二二―二三節

（巻物を火にくべる）

王は宮殿の冬の家にいた。時は九月で暖炉の火は王の前で赤々と燃えていた。ユディが三、四欄読み終わるごとに、王は巻物をナイフで切り裂いて暖炉の火にくべ、ついに、巻物をすべて燃やしてしまった。

ヨヤキム王治世の第四年の頃でした。ヨヤキムはヨシヤ王の息子で、エジプトによって立てられたユダの王でした。エレミヤはその頃、巻物をとってヨシヤの時代から今日に至るまで、イスラエルとユダ、および諸国について語ってきた言葉を、残らず口述してネリヤの子バルクに書き記させました。そしてバルクに命じて、「わたしは主の神殿に入ることを禁じられている。お前は断食の日に行って、わたしが口述したとおりに書き記したこの巻物から主の言葉を読み、神殿に集まった人々に聞かせなさい。また、ユダの町々から上って来るすべての人々にも読み聞かせなさい」と言いました。

エレミヤが神殿に入ることを禁じられたのは、おそらく彼が七章と二六章でした神殿説教がユダの人々に気に入れられなかったからであります。そこでバルクに断食の日に神殿に行って、彼の口述に従って書き記した巻物を集まった人々に読み聞かせなさいと命じたのです。「断食の日」とは、イスラエルの民の厳しい習慣で、彼らは食を断ち、苦行して国家や自分自身が犯した罪を悔い改めたのです。それは大変厳粛な悔い改めの日でした。

バルクはエレミヤの命令を大胆に実行しました。それを伝え聞いた役人たちは、バルクが民に読み聞かせた巻物をもって来させました。そしてバルクは彼らに巻物を読み聞かせました。それを聞いた役人たちは皆、おののいて互いに顔を見合わせ、バルクに、「この言葉はすべて王に伝えねばならない」と言いました。そして役人たちはバルクに、「あなたとエレミヤは急いで身を隠しなさい。だれにも居どころを知られてはなりません」と言いました。そこでエレミヤとバルクは、この役人たちの助言に従ってひそかかに身を隠しました。

その時ヨヤキム王は宮殿の冬の家にいました。時は九月で暖炉の火が赤々と燃えていました。ユディがその巻物を持って来て、それを三、四欄読み終わる度ごとに、ヨヤキム王はその巻物をナイフで切り裂いて暖炉の火にくべて、ついに巻物をすべて燃やし尽くしてしまいました。王もその側近もだれひとり恐れを抱き、衣服を裂こうとしなかったのです。三人の高官が巻物を燃やさないように懇願しましたが、王はこれに耳をかそうとしなかったのです。時は王と民の罪を悔い改める「断食の日」でした。

王が巻物を燃やし尽くした後に、主の言葉が再びエレミヤに臨み、王が燃や尽くした巻物に記されたすべての言葉を、バルクに命じて元どおりに書き記させ、また、それに多くの言葉を付け加えました。これがエレミヤ書の原本になったのです。

二二章一九節に、ヨヤキム王の死について記されています。彼は「ロバが埋められるように埋められる。引きずり出されて投げ捨てられる。エルサレムの門の外へ」とあります。彼は惨めにも埋葬されることなく、昼は暑さに、夜は霜にさらされたのです。

エレミヤ書三七章一一―一三節

（エレミヤの逮捕）

カルデア軍は、ファラオの軍隊が進撃して来たので、エルサレムから撤退した。そのとき、エレミヤはエルサレムを出て、親族の間で郷里の所有地を相続するために、ベニヤミン族の地へ行こうとした。彼がベニヤミン門にさしかかったとき、ハナンヤの孫で、シェレムヤの子であるイルイヤという守備隊長が、預言者エレミヤを捕らえて言った。
「お前は、カルデア軍に投降しようとしている。」

ゼデキヤはヨヤキンに代わってユダの王になったが、バビロンの傀儡政権でした。折しも、エジプトのファラオの軍隊が進撃してきたので、バビロン軍はエルサレムから一時的に撤退しました。ゼデキヤ王は使者を遣わして預言者エレミヤに、「どうか、我々のために、我々の神、主に祈ってほしい」と頼みました。それはエルサレムがバビロンの軍隊から守られることを期待して、預言者エレミヤに祈ってほしいと頼んだのです。

しかし、エレミヤは王に、「お前たちを救援しようと出動したファラオの軍隊は、自分の国へ帰って行く。カルデア軍が再び来て、この都を攻撃し、占領し火を放つ。主はこう言われる。カルデア軍は必ず我々のもとから立ち去ると言って、自分を欺いてはならない。カルデア軍は決して立ち去らない」と答えています。偽預言者たちの安易な平和の提言に対して、エレミヤは主の預言者として断固として語っています。彼は一貫して人々が期待する安易な政治的な解決ではなく、主の言葉に仕える預言者として厳しく語ったのです。しかし、このエレミヤの断固とした提言を、王も高官たちも受け入れようとはしなかったのです。

ところで、エレミヤはバビロン軍の一時的撤退のとき、「エルサレムを出て、故郷のアナトトの所有地を相続するために、ベニヤミンの地に行こうと」していました。彼がエルサレムのベニヤミン門にさしかかったとき、ハナンヤの孫のイルイに見つかり、「お前は、カルデア軍に降伏しようとしている」と言って彼を捕らえました。エレミヤはそれを否定しましたが、イルイは聞き入れず、役人たちのところに彼を連れて行きました。役人たちは激怒してエレミヤを打ちたたき、書記官ヨナタンの家に監禁しました。エレミヤは丸天井のある地下牢に入れられ、長期間そこに留め置かれました。

しかし、ゼデキヤ王は使者を送ってエレミヤを連れて来させ、宮廷でひそかに「主の言葉が何かあったか」と尋ねました。エレミヤは「王よ、今どうか、聞いてください。わたしを書記官ヨナタンの家に送り返さないでください。わたしがそこで殺されないように」と言いました。そこでゼデキヤ王は命令を下して、エレミヤを「監視の庭」に拘留しておき、パン屋街から毎日パンを一個ずつ届けさせました」とあります。

それはヘロデ王がバプテスマのヨハネを捕らえて牢に入れて殺そうとしていましたが、「ヨハネは正しい聖なる人であることを知って、彼を恐れ、保護し、また、その教えを聞いて非常に当惑しながらも、なお喜んで耳を傾けていた」ことに通じます（マルコ六章二〇節）。ゼデキヤ王もエレミヤを捕らえながらも、なお彼を尊敬して守ったのです。

エレミヤ書三八章五―六節

（水溜めに投げ込まれる）

ゼデキヤ王は答えた。
「あの男のことはお前たちに任せる。王であっても、お前たちの意に反しては何もできないのだから。」
そこで、役人たちはエレミヤを捕らえ、監視の庭にある王子マルキヤの水溜めへ綱でつり降ろした。水溜めには水がなく泥がたまっていたので、エレミヤは泥の中に沈んだ。

ユダの民は、エレミヤが「主はこう言われる。この都にとどまる者は、剣、飢饉、疫病で死ぬ。しかし、出てカルデア軍に投降する者は生き残る。主はこう言われる。この都は必ずバビロンの王の軍隊の手に落ち、占領される」という言葉を聞きました。それはエレミヤの反国家的、敗北主義的な言葉にみえました。役人たちはこれを聞いて、王に「どうか、この男を死刑にしてください。あのようなことを言いふらして、この都に残った兵士と民衆の士気を砕いています。この民のために平和を願わず、むしろ災いを望んでいるのです」と言いました。彼らは反国家的な言葉を語るエレミヤは死刑にするべきだと叫んでいます。

ゼデキヤ王は「あの男のことはお前たちに任せる。王であっても、お前たちの意に反して何もできないのだから」と答えました。ゼデキヤ王はエレミヤを告発者の手に引き渡すことによって、自分の立場の弱さを暴露し、本当の権力は自分にないことを示しています。

そこで役人たちはエレミヤを捕らえ、監視の庭にある王子マルキヤの水溜めの中に投げ込みました。水溜めには水がなく泥がたまっていたので、エレミヤは泥の中に沈みました。

しかし、このことを聞いたクシュ人エベド・メレクは王に訴えて、「王様、この人々は、預言者エレミヤにありとあらゆるひどいことをしています。彼を水溜めに投げ込みました。エレミヤはそこで飢えて死んでしまいます」と言いました。そこで王は彼に、「ここから三十人の者を連れて行き、預言者エレミヤが死なないうちに、水溜めから引き上げるがよい」と命じました。そこでエベド・メレクはその三十人を連れて宮廷に帰り、古着やぼろ切れを取って来て、その綱を水溜めの中のエレミヤにつり降ろして、「古着とぼろ切れを脇の下にはさんで、綱にあてなさい」と言いました。エレミヤがそのとおりにすると、彼らはエレミヤを水溜めから綱で引き上げました。こうしてエレミヤはエベド・メルクの細やかな配慮によって、彼が経験した最高の危機から奇跡的に救い出されたのです。

その後、ゼデキヤ王はエレミヤと秘密の場所でひそかに対談し、神は何と言われるかと尋ねています。エレミヤは「あなたがバビロンに降伏するならば、あなたの命は助かり、この町は火で焼かれない」と言い、「もし降伏しないならば、この町は火で焼かれ、あなたも彼らの手から逃れることはできない」と答えています。しかし、ゼデキヤ王は「わたしは逃亡したユダヤ人を恐れる。彼らがわたしを捕らえ、侮辱するかもしれない」と言って、エレミヤの言葉に耳をかそうとはしなかったのです。王は小心にも、目先のことを恐れ、真に恐るべき敵が見えなかったのです。ゼデキヤ王はエルサレムが火で焼かれるまで迷っていたのです。ここにバビロンによって捕らえられ、惨めな敗北を喫する原因があったのです。しかし、エレミヤはこの王によって、その命は守られ、監視の庭に留め置かれたのです。

エレミヤ書三九章六―七節

（ゼデキヤ王の悲惨な最後）

　リブラでバビロンの王は、ゼデキヤの目の前でその王子たちを殺した。バビロンの王はユダの貴族たちもすべて殺した。その上で、バビロンの王はゼデキヤの両眼をつぶし、青銅の足枷をはめ、彼をバビロンに連れて行った。

　ユダの王ゼデキヤはバビロンによって立てられた王でしたが、バビロンに反逆し、捕らえられて惨めな敗北を喫しました。すなわち、ゼデキヤ治世九年十月にバビロンの大軍によってエルサレムを包囲されて一年半持ち応えましたが、十一年四月に捕らえられて王のいるリブラに送られました。そして目の前で王子たちを殺され、彼自身も両目をつぶされるという痛ましい屈辱的な敗北を喫したのです。エルサレムの宮殿も神殿も火で焼かれ、民の有力な人々も神殿の聖具とともにバビロンに連行されました。

イスラエルはアブラハムの子孫として世界の祝福の源とされ、またモーセに導かれてエジプトを脱出した神の民でしたが、カナン定着後にバアルの豊饒の神を礼拝する偶像礼拝に陥って大きな罪を犯しました。神はそのため紀元前年七二二年に北イスラエルをアッシリアによって滅ぼし、南ユダをバビロンによって滅ぼしたのです。こうしてダビデ王朝は消滅し、イスラエルは亡国の民となったのです。ここに「抜き、壊し、滅ぼし、破壊する」という神の厳しい審判が下されたのです。しかし、その神の審判のどん底にあっても、神はその恵みによってイスラエルの民と「新しい契約」を結び、彼らの罪の赦し、新しく「建て、植える」という将来の希望を与えられたのです。

ダビデ王朝最後のユダヤの王ゼデキヤは優柔不断な性格でした。彼は絶えず迷い煩悶し、預言者エレミヤに度々助言を求めています。ゼデキヤ王はエレミヤを国家の敵として迫害しながら、また彼を守ったのです。彼はバビロンに従順を誓いながら、またエジプトの強力な軍隊の力に期待したのです。彼はナイル川のエジプトに期待するか、ユーフラテス川のバビロンに期待するか、絶えず揺れ動き煩悶したのです。ゼデキヤ王の宮廷にはエジプトの強力な軍隊に頼ることを主張する高官たちが多くいました。ゼデキヤ王はさんざん迷ったあげく、結局エジプトに期待してバビロンに反逆し、悲惨な敗北を喫したのです。

それゆえユダの捕囚民は七十年間もの長い間、バビロンにあって嘲りと辱めの苦渋を味わったのです。しかし、それはゼデキヤ王個人の罪だけではありません。それは全イスラエルがバアルの豊饒の神を信じる偶像礼拝の大きな罪を犯したからであります。「正しい者は一人もいなかったのです」（ローマ三章一〇節）。しかし、この神の審判のどん底にあっても、罪の赦しによる神の新しい希望が残されていたのです。

エレミヤ書四四章二七―二八節

（エジプトに連行されたエレミヤ）

見よ、わたしは彼らに災いをくだそうとして見張っている。幸いを与えるためではない。エジプトにいるユダの人々は、ひとり残らず剣と飢饉に襲われて滅びる。剣を逃れてエジプトの地からユダの国へ帰還する者の数はまことにわずかである。そのときエジプトへ移って寄留したユダの残留者はすべて、わたしの言葉か、彼らの言葉か、どちらが本当であったかを悟るであろう。

紀元前五八七年に南ユダがバビロンの手に落ちたとき、エレミヤは獄中にありました。彼はバビロンによって釈放されて、ゲダルヤのもとに身を寄せました。バビロンによって総督とされたゲダルヤはミツバに首都をおき、エルサレムに首都をおいたダビデ王朝と無関係な新しい王であることを主張しました。エレミヤは喜んでそれに賛成しましたが、そのゲダルヤが暗殺されてしまったのです。

ユダの指導者たちはバビロンの報復を恐れてエジプトに逃げました。彼らはエレミヤを通して神の導きを求め、「良くても悪くても、我々の真美である主の御声に聞き従います」と宣告しましたが、それに聞き従わなかったのです。そしてエレミヤを強制的にエジプトに連行したのです。しかし、エジプトは全世界の創造者である神の御意思から逃れる避難所ではなかったのです。バビロンの王ネブカドレツァルはエジプトに侵入し、大きな石をファラオの宮殿の入り口の敷石の下に埋め、彼の王座を置いたのです。そして彼はエジプトの地を打ち、「疫病に定められた者を疫病に、捕囚に定められた者を捕囚に、剣に定められた者を剣に渡し」ました。そして「エジプトの神殿に火を放ち、神殿を焼き払い、神々を奪い去りました。また羊飼いが上着のしらみを払い落とすように、エジプトの国土を打ち払って引き上げて」行ったのです（四三章八節以下）。あのゼデキヤ王が頼ったエジプトの軍隊は無力だったのです。

またユダのエジプト寄留民は、エジプトの地で自分の手で偶像を造り、異教の神々に香をたいて偶像礼拝を行ったのです。エレミヤは「イスラエルの神、万軍の主はこう言われる。わたしは、必ずお前たちに災いを下し、ユダをことごとく滅ぼす」と預言しました。そして「彼らは剣と飢饉で倒れ、身分の上下を問わず、剣で滅ぼされ、飢饉で死に絶え、呪い、恐怖、ののしり、恥辱の的となる。既にエルサレムを剣、飢饉、疫病をもって罰したように、わたしはエジプトに住む者を罰する」と言いました（四四章一一節以下）。

しかし、エジプトに住むユダの人々はこぞってエレミヤに反論して、「我々は、昔から父祖たちも歴代の王も高官たちも、ユダの町々とエルサレムの巷でそうして来たのだ。我々は食物に満ち足り、豊かで、災いを見ることはなかった。ところが、天の女王に香をたくのをやめ、ぶどう酒を注いでささげなくなって以来、我々はすべてのものに欠乏し、剣と飢饉によって滅亡の状態に陥った」と言いました（四四章一五節以下）。彼らの偶像崇拝は世界に散らされたユダヤ人たちの厳しい戒めとなったのです。

エレミヤ書四五章一—五節

（バルクの慰め）

「バルクよ、イスラエルの神、主は、あなたについてこう言われる。あなたは、かつてこう言った。『ああ、災いだ。主は、わたしの苦しみに悲しみを加えられた。わたしは疲れ果てて呻き、安らぎを得ない。』

バルクにこう言いなさい。主はこう言われる。わたしは建てたものを破壊し、植えたものを抜く。全世界をこのようにする。あなたは自分に何か大きなことを期待しているのか。そのような期待を抱いてはならない。なぜなら、わたしは生けるものすべてに災いをくだそうとしているからだ、と主は言われる。ただ、あなたの命だけは、どこへ行っても守り、あなたに与える。」

バルクは預言者エレミヤの口述を巻物に書き記した書記でした。そのバルクはエレミヤと共に強制的にエジプトに連行されました。それは紀元前五八七年にユダ王国がバビロンによって滅ぼされた後のことでした。バビロンはユダに残った貧しい人々のためにゲダルヤを立て、都をエルサレムからミツバに移しました。しかし、ゲダルヤが暗殺されてしまったため、残った人々はバビロンの復讐を恐れてエジプトに逃げました。エレミヤはエジプトに行くことは神の御心でないと拒否し、ユダに残ることを強く主張しましたが、彼らは無理やりにエレミヤとバルクをエジプトに連行したのです。

バルクがエジプトにおいて目撃したものは惨憺たるものでした。バビロンがそのエジプトに攻めて来たので、そこに逃げたユダの人々は全く安全ではなく、希望がなかったのです。その上彼らはエルサレムにおいて行っていた偶像礼拝を、エジプトにおいても変わることなく実行していたのです。バルクは離散したユダの人々の天の女王に香油をたき、ぶどう酒を注ぐ偶像崇拝の現実にふれて、「ああ、災いだ。主はわたしの苦しみに悲しみを加えられた。わたしは疲れ果てて呻き、安らぎをえない」と言っています。預言者エレミヤが味わった生まれた日を呪う絶望的な苦悩と悲しみを味わったのです。

神はバルクに「わたしは建てた者を破壊し、植えたものを抜く」と言われました。エジプトにおいても、神は偶像崇拝にふけるユダヤの民を厳しく罰し、「抜き、壊し、滅ぼし、破壊する」という厳しい審判を下されたのです。

しかし、神はバルクに対して、「ただあなたの命だけは、どこに行っても守り、あなたに与える」と言われました。彼の命は神からの貴重な賜物であり、神への奉仕のために多くの機会を与えられました。神はその命を「どこにいっても守り、あなたに与える」と言われました。バルクは意に反してエレミヤと共に憎むべき外国の世界に連行されたすべての忠実なユダヤ人たちの代表でした。バルクは世界に離散して散らされているユダヤの人々の手本であり希望であったのです。

ユダの捕囚民たちは、もはやその地において自分に約束された土地を持たず、礼拝すべき神殿も持たなかったのです。その上、バルクはその異教の生活の中で、彼の信仰と礼拝生活のゆえに、周りの人々から侮辱され、嘲笑され、辱められたのです。

しかし、バルクは神に選ばれた者であり、偉大な信仰の相続者であるという確信を与えられていました。神がユダの民を彼らの故郷に再び連れ帰り、「建て、植える」まで、離散した捕囚民たちはバルクに約束された慰めと希望を見出したのです。

エレミヤ書五一章六一―六四節

（バビロンは沈む）

エレミヤはセラヤに言った。あなたがバビロンに到着したとき、注意してこの言葉を朗読し、そして言いなさい。「主よ、あなた御自身がこの場所について、これを断ち滅ぼし、人も獣も住まない永久の廃虚にすると語られました」と。

この巻物の朗読を終えたとき、巻物に石を結び付け、ユーフラテス川に投げ込み、そして言いなさい。「このように、バビロンは沈む。わたしがくだす災いのゆえに、再び立ち上がることはない。人々は力尽きる」と。

ここまでがエレミヤの言葉である。

エレミヤは書記バルクの兄弟セラヤに、バビロンに襲いかかるすべての災いを記した一巻の書物を託し、バビロンに到着したときにこれをひそかに朗読しなさいと命じました。その巻物にはバビロンを「断ち滅ぼし、人も獣も住まない永久の廃墟にする」とありました。セラヤはこの巻物の朗読を終えたとき、巻物に石を結びつけてユーフラテス川に投げ込み、「このように、バビロンは沈む。わたしがくだす災いのゆえに、再び立ち上がることはない」と言いました。「バビロンは沈む」という象徴行為は、バビロンはやがて川の奥深くに沈んで、必ず滅びるということを意味していました。

五〇章から五一章には「バビロンの滅び」が記されています。五〇章二三節に「全世界を砕いた槌が、今や折られ砕かれる」とあります。また五一章四二、四三節に「混沌の海がバビロンに襲いかかり、バビロンは高波のとどろきに覆われた。町々は廃墟となり、乾ききった地、荒れ地となる」とあります。

バビロンは世界に悲惨な戦争と破滅をもたらして、その無慈悲と残虐性は諸国民の恐怖の的となっていました。しかし、今やそれがバビロンの心臓部に突き刺さるというのです。どんなに世界を圧倒する巨大な権力をもってしても、世界に悲惨な戦争をもたらしたバビロン帝国も、やがて沈んで必ず滅びるのです。

しかし、バビロンの滅びはなお「未来のこと」でありました。残忍なバビロンは神の僕として不信仰なユダを滅ぼしましたが（二五章九節）、やがて七十年が終わると、そのバビロン王とその民を「その罪のゆえに罰する」とあります（二五章一二節）。

七十年は人の一生をさす年月です。ユダの捕囚民は異教の地で七十年もの長い間嘲られ辱められたのです。しかし、やがて紀元前五三八年にバビロンはペルシアによって滅ぼされました。世界に恐ろしい残忍な戦争をもたらした大帝国は滅びたのです。

イザヤ書四〇章七節に、「草は枯れ、花はしぼむ。主の風が吹きつけたのだ。この民は草に等しい」とあります。バビロンがその権勢をどんなに誇っても、その華やかさは草に等しいのです。草は枯れ、花は散ります。それは天地万物を創造された全能の神の風が吹き付けるからです。バビロンの権勢は草に等しい、はかないものです。

エレミヤ書五二章三一―三四節

（ヨヤキンの獄中からの釈放）

ユダの王ヨヤキンが捕囚となって三十七年目の十二月二十五日に、バビロンの王エビル・メロダクは、その即位の年にユダの王ヨヤキンに情けをかけ、彼を出獄させた。バビロンの王は彼を手厚くもてなし、バビロンで共にいた王たちの中で彼に最も高い位を与えた。ヨヤキンは獄中の衣を脱ぎ、生きている間、毎日欠かさず王と食事を共にすることとなった。彼は生きている間、死ぬ日まで毎日、日々の糧を常にバビロンの王から支給された。

ヨヤキンは紀元前五九七年に十八歳でユダの王になりましたが、僅か三か月で退位させられ、その後継者としてゼデキヤ王が着きました。その際ヨヤキンはその母、ユダの高官、有力な民たちと共に、第一回捕囚としてバビロンに連行されました。ヨヤキンは三十七年間悲惨な獄中生活を味わいましたが、バビロンの王エビル・メロダクの即位の年に獄中から釈放され、王の手厚いもてなしをうけました。ヨヤキンは獄中の衣を脱ぎ捨て、生きている間毎日欠かさず王と食事を共にする厚遇を受けました。

ヨヤキンは二度と故国に帰ることはできませんでしたが、異教の地バビロンにおいて幸福な生涯を終えることができたのです。それは離散したユダヤ人たちも世界各地で厳しい境遇におかれていますが、それを信仰によって耐え忍ぶならば、必ず道が開かれることを示しています。ユダヤ人たちはヨヤキンの釈放を受けて、その子孫によるダビデ王朝が回復することを期待していました。事実そのヨヤキンの子孫ゼルバベルはバビロン捕囚からの解放後、エルサレムに帰還したユダヤ人たちのダビデ王朝回復の希望の星でした。

しかし、エレミヤはそのダビデ王朝の回復には否定的でした。ユダは神の厳しい審判を受けて、エルサレムの宮殿と神殿が焼き払われ、民の主だった人々がバビロンに連行されて、ダビデ王朝は完全に消滅してしまったのです。しかし、捕囚のユダの人たちは七十年の悲惨な獄中生活から解放され、エルサレムに帰還し、第二神殿を建てて新しい生活を開始しました。それは国家ではなく、あくまで信仰共同体としての回復でした。

イスラエルは第二次世界大戦後にシオニズムによって国家を建国しましたが、それはアラブ人を追い出しての建国であり、世界の紛争の種となるものでした。しかし、エレミヤはダビデ王朝が消滅しても、神の約束はなおも生きており、イスラエルは依然として神の民であり、神の将来の希望は、今も「残れる者」によって維持されていると説きました。

エレミヤは「抜き、壊し、滅ぼし、破壊する」という最も厳しい神の審判のどん底にあっても、なお神の「建て、植える」という将来の希望が残されていることを告げています。

「残れる者」とは、世界に散らされた民が、なお神の律法に従い、ヤハウェを神と崇める信仰共同体であることを示しています。それは今も信仰によるアブラハムの子孫として神の律法に従い、神を礼拝するすべてのキリスト者の信仰共同体をもさしています。真の希望は主イエス・キリストの十字架の死と復活によって成就した罪の赦しによる「新しい契約」によって表されています。

参考書

R・E・クレメンツ著、佐々木哲夫訳『エレミヤ書』（現代聖書注解）日本基督教団出版局
R・デヴィドソン著、荒井章三・加藤明子訳『エレミヤ書・哀歌』（デイリー・スタディー・バイブル19）新教出版社
R・R・ラハJr.著、深津容伸訳『エレミヤ書』（現代聖書注解スタディ版）日本基督教団出版局
左近豊著『エレミヤ書を読もう――悲嘆からいのちへ』（現代聖書注解）日本基督教団出版局

Ⅱ　植村環牧師とその時代（『父母とわれら』を読んで）

植村環牧師とその時代

（『父母とわれら』を読んで）

植村環牧師にはじめてお目にかかったのは伊東の療養所でした。わたしが日本キリスト教会に入会する決意を固め、総会で可決されたとき、友人の久保義宣伝道師が案内して植村環牧師に合わせてくれたのです。久保義宣伝道師はわたしの級友で東京神学大学時代にカルヴァン研究会を共にし、ヘッセリンク先生や渡辺信夫先生と共に福島の川桁で神学研究会をした仲間でした。その秋にわたしは柏木教会の伝道師として迎えられました。

わずか三年たらずの在任でしたが、小会に出席し、長老たちにふれ、修養会でニーゼルの「教会の改革と形成」を学び、日曜学校夏期学校で山中湖に行ったことを忘れられません。月曜日の朝は必ず植村環牧師宅に集い、吉田さんが用意してくれた昼食をいただきながら、久保牧師や臼井長老と共に教会の集会について相談したことを懐かしく思い起こします。その後わたしは南柏で開拓伝道に従事しましたが、柏木教会で植村環牧師に出会い、長老たちにふれたことは、わたしの生涯の大きな収穫でした。

その後植村環牧師が書かれた『父母とわれら』を読み、先生の偉大な悲しみと苦しみに満ちた生涯にふれ、大変感銘を受けました。わたしは以下『父母とわれら』にそいつつ、今村武雄著『植村環先生の時代』と『植村環』、『日本の説教10　植村環』（久保義宣解説）を参考にしながら、先生の生涯をたどりたいと思います。

時代

植村環先生は一九三〇年に四十歳で伝道を開始しました。それは世界恐慌で失業者があふれ、娘の身売り、欠食児童が多く出た時代でした。農村の次男三男は満蒙開拓団に夢を託して中国に渡りました。一九二八年に関東軍による張作霖列車爆殺事件、一九三一年九月十八日満州事変が勃発し、翌年五族協和を掲げて満洲国が建国され、一九三七年日中戦争、一九四一年太平洋戦争に突入しました。そして一九四五年に広島と長崎に原爆が落とされ、日本は悲惨な敗北を喫しました。中国では開拓団の悲惨な逃避行があり、多くの日本人が集団自決をし、わが子を川に投げ込んで殺し、中国残留婦人や残留孤児を多く残して、日本に引き揚げて来た激動の時代でした。この激動の時代に植村環先生は開拓伝道を開始したのです。

誕生

植村環先生は一八九〇年に誕生しました。それは日本基督教会がその名称と信仰告白を改めて再出発した年でした。父植村正久、母秀野の三女として生まれ、姉に澄江（佐波亘牧師夫人）と薫、妹に恵子の姉妹がいました。薫は気管支炎で神田の病院に入院して危篤状態にあった日、近所の発火から病院は猛火に包まれました。「わが父母は薫の枕元に正座して、『御旨のままに成させたまえ』と祈っていた」とあります。薫は五歳で死去しましたが、その死は植村家に強烈な印象を残しました。澄江は長女に「薫」と名づけ、環先生も他の人から依頼されとき、しばしば「薫」という名を示しました。

洗礼

洗礼は予科三年の頃、女子学院に赴任されたアレクサンダー嬢との出会いがきっかけでした。「嬢の父君は優れた宣教師で、西洋人を決してもちあげない私の父さえ立派な人だとほめていた人であった。嬢は父君とハワイで死に別れて、直ちに宣教師として日本に来られたのであった。私は嬢のけなげな志に励まされ、これこそ真の美というのであろうと思った」。そのアレクサンダー嬢が髄膜炎にかかり、はかなくも亡くなったのです。環先生は大変な衝撃を受けてしばし厭世気分になりましたが、そのことがかえって信仰の前進に役立って、翌年洗礼を受けたのです。

この「嬢」とは、トム・アレクサンダーの娘ヤングエマ（母と同じ名）でした。彼女はハワイで父を看取った後、二十三歳で来日して女子学院の教師になったのです。わたしは同僚から贈られたトム・アレクサンダー宣教師の生涯を記した「わたしの家族の明治日本」という書物を読みました。彼はスコットランドの血をひく厳格な長老の息子でした。宣教師として日本に来て柳川、金沢、大阪北、大阪南、高知、京都室町などの教会の伝道に関わり、多くの人々に洗礼を授けました。そして明治学院神学部の組織神学の教授となりましたが、その自由な神学のゆえに保守的な同僚から批判されて明治学院を辞し、京都で同志社大学神学部の教授となりました。植村の自主独立路線に賛成して、福音新報に何度も寄稿しています。しかしハワイで死去しました（五十二歳）。

ハワイで父の死を看取ったヤングエマは、父の意志を継いで宣教師として来日したのですが、父の死のほんの十五か月後の一九〇四年二月二十二日髄膜炎で亡くなりました。

ウエルズレー大学留学

環先生は川戸洲三氏と婚約しました。そして彼の理解を得て一九一一年七月米国ウエルズレー大学に留学しました。先生の大学生活は難渋でした。必修科目は数学、生理学、英文学、科学、外国語一つ、体操でした。先生はらい救済に奉仕するつもりでしたので動物学を取り、フランス語を選びました。先生にとって辛かったのは体操でした。英作文の課題も苦労の一つで、先生は鼻血を出しながら七キロの道を走り、やっとのことで作文を提出しました。寄宿舎から校舎までの道はかなりあり、その間に鳥を観察し、また図書館、天文台がありました。

二年生になると必修科目に心理学、哲学、聖書が加わりました。医学に進むために胎生学と組織学を学びました。三年生になると哲学と聖書を学びました。またコロンビア大学に通い、欧米文明史と社会学を学びました。この実に多彩な一般教養の学びは後に伝道者となった時にどれだけ役立ったかわかりません。

父正久が大学を訪ねて来たとき、環先生は「私は父に何もかもぶちまけて相談する気になった」とあります。「父の眼は涙で光っていた」。その後父は手紙をよこして、「常に言いし如く、人の前の誉れは、時としては道のため、人格のため、主においてならば、これを失うもよし。落第するもよし。半途にして帰国するもよし。唯だ正しき意味の成功を帰せられよ。神は御身を大いに用いたもうならんと父は確信す」。この父正久の愛に満ちた勧告は娘環先生の生涯を支えたに違いありません。父正久あって娘環があったのです。

明治四十五年は明治天皇死去の年でした。「私はキャンプでこの悲しき出来事を報道されたとき、言うべくもなく寂しくなり、激しく泣いた」、「私ども日本人の天皇陛下に対し奉る思慕は外国の人たちには分からぬことなのだ。日本人に生まれたことはなんとありがたいことであろうと、こと新しく自覚したことであった」。環先生は天皇を心から思慕し、敬愛する明治の女性だったのです。

また「ウェスレーの聖書の研究法は高等批評一方で、ことごとく理知的にこれを読み、すべてを学問的に分解するのであった。教師らはまるで人間がキリストをも、その十字架をもばらばらに解剖できるように思っているらしかった。この点、私は非常に不満であり、わが父母によって培われた信仰のゆえに、戦って、彼らの説によって冷やされることがなかった」。

夫洲三の死

留学から帰国後、一九一七年四月植村環先生は川戸洲三氏と結婚しました。実に八年にわたる婚約期間でした。川戸洲三、三十二歳、植村環二十六歳でした。新居を上大崎に定めました。その新居で植村正久は日曜日午後礼拝を始めました。この礼拝は後に白金教会として発展しました。そして長女俟子さんが一九一八年五月十三日に生まれました。

ところが夫洲三氏が病気になったのです。脳腫瘍でした。頭痛が激しく、眼が見えなくなったのです。環先生はすでに身重でした。「嘔吐する苦しさ、脊髄の液をとられる時海老のように身体を曲げられる痛み、幾度も幾度も血の検査をさせられる不快さ、これらを川戸は驚くべき忍耐をもって忍んだ」。

その病院生活の中で洲三氏は毎朝、二人の看護婦に聖書の講義を聞かせました。手術前にはピリピ書一章二一節より二三節までの「我にとりて生くるはキリストとなり、死ぬるもまた益なり、されど、もし肉にて生くること、わが勤労の果となるならば、いずれを選ぶべきか、我これを知らず。我はこの二つの間に介まれたり、わが願は世を去りてキリストと共に居らんことなり、これ遥かに勝るなり」と、わが身に引き比べて講義したのです。この看護婦は後に洗礼を受けたと言われます。

環先生は三月十二日から六月十五日まで、病院で生活しました。やがて彼は手術室に運ばれました。麻酔から覚めた彼は「ありがたい」と言ったが、しばらくすると脳膜炎を起こし、「鼻も喉も血とガーゼでふさがって」、人事不肖の苦悶の五日間が過ぎて、彼は「主よ、主よ、早く来ませ」と言い、また「我が妻」と言って、来たらんとする未知の子ども、一年一か月の俟子を妻環に委ねて、静かに天国に旅立ちました。一九一九年六月十五日。

「わたしは身重の苦しみが急に心身を圧迫することを覚えた。あらゆる気力、あらゆる張り合いは消滅し、昼夜懊悩、苦悶であった」。

「夫洲三氏と死別した先生は、身重の苦しみばかりでなく、あらゆる気力と張り合いを失い、悩み、苦しみの日々を送られた。その姿のみじめさには、母上や姑たちも慰める言葉がなかった」(今村武雄『植村環』)。

恵子の死

その七月に妹の恵子がアメリカのハートフォード神学校に留学しました。彼女は津田英語塾の卒業式で総代になり、東京神学社に入った秀才でした。出立前父母と恵子は「はてしも知らぬうき世の海の」を歌い、別れても互いにこの歌を唄い交わさんと約束したのです。「横浜での別れは辛かった。船が動くと、私はこの人には、もう会えぬような予感がして泣き沈みつつ、桟橋の端っこにたたずんで、彼女を見送った」。

ところが翌年九月下旬、「恵子の右腎臓が結核に冒され、外科手術が必要とする」とあるほどの重い病気でした。十一月二十三日の恵子の手紙に次のようにあります。

「病名を宣告されてから、後しばらくの間は、実際死の影にのみ見詰められ、淋しく悲しく存じました。同時にどんなに自分の弱い信仰を恥ずかしく思ったかしれません。しかし、主イエス・キリストの愛をもて、わたしごとき罪人を救い給いし父の神は、遂に死に勝つ、生命の光と希望とをお与えくださいました。斯かる場合に、いかに今までの生活が、真のキリスト者の信仰から遠いものであったかを深く思いました。父様がよく仰言ったように、病床の戦場であることも、日々経験しております。

あるいはこれが最後の手紙になるかも知れないと知りつつも、今更申し上げる言葉を存じません。わたしの生涯は、皆様の汲み知れぬ愛に対して、真に価値のないものでありました。しかし、その愛によって、私はキリストに導かれ、キリストの愛は私の皆様に対する愛を深め、潔め、永遠の希望あるものとして下さったと言う外は御一人御一人に対する尽きない思いをどう言い表して良いか存じません。ただ地上において、何の御恩報じもできないことは、遺憾の至りでございます。

しかし、神の栄えは、我らの思いに過ぎず、深く広きことを信じて、光栄ある新天地を望みつつ、感謝と喜びとをもて、一直線に、この世の戦場を走りたいと努力しております。残す所の日は僅かかも知れしれません。何れともただ天の御父に任せております」。

そして手術前の手紙には、「手術の間を通して、勇ましくキリストの兵であるよう、他の人々の祝福であるよう切に願っています。光輝く神の御姿を仰ぎつつ、私はこの経験をして、真の神の聖旨に適うものであらしめたいと願っております」とあります。

そして一九二〇年十二月十五日、恵子はアメリカで死去しました。二十六歳でした。

「私は恵子の訃に接した時の父母の武士道的な態度を忘れることが出来ぬ。彼らは直ちに祈った。そして間もなく涙を払って、平生のごとく、忙しき伝道の生活に入って行った」。

妹恵子の死は、環先生にとって将来の伝道者となるための一つの契機となったに違いありません。

晴彦の誕生

一九一九年十一月六日、長男晴彦が誕生しました。父洲三の死から五か月めのことでした。「難産であっても、男児出生したときは、さすがにうれしき思いがこみ上げつつ、新しき生命に対して、どん詰まりと思った洲三が取り去られて、行く手は満々たる大海であり、やがて闇が暁に明けて行かんとの予感が沸き上がって来た」。

「父はこの子の将来を祝いもし、私の心を励ましもするため、彼を晴彦と命名してくれた」。また母は「川の戸を開きて昇る旭かげ、海面遠く晴れ渡り行く」という一首を贈ってくれました。

「心痛と緊張の中に胎られ、生まれ出された晴彦は、侯子と異なって、神経質で、かんしゃく持ちであった。色の白い、眼の引っ込んだ、栗色の髪の毛の巻き上がった、西洋人のような子であった」。

しかし、一九二三年四月「晴彦は熱を発して床に就いた」。小児麻痺にかかったのです。「私は、あの子を背負って、鍼医や、電気治療所に通った。毎日の電気治療、食事療法、マッサージなどは晴彦にとり、かなり苦しいものであったに相違ない」。

関東大震災

一九二三年九月一日は関東大震災でした。「折しも父は小林誠氏と朝鮮に伝道に行って留守で」あった。

「揺れ出した時、皆、期せずして書斎に集まった。私は皆の回りに卓子や椅子を並べ、その上に布団をかけた」。「五つの晴彦はただ、大きな眼を開けたり、閉じたりしていた」。

「そのうち、近所の人が呼びに来てくれて、外の広場に出た。揺れる間隔を見て、水の入ったバケツややかんや、蒲団などを取りに帰った。私は東郷坂に駆けつけて、母を連れて来た。一同は広がる火の手を避けて、四谷見附の東宮御所前の広場に逃げて行った」。

「そのうちに父が朝鮮から帰って来た。私どもが焼けたとばかり思っていた植村の家も、川戸の家も破損したまま焼け残ったのであった。父は清水港より汽船にて三日朝横浜着、荷物を捨てて、徒歩で入京した。小林誠氏は伝道より帰りみれば、本所なる自家はもちろんのこと夫人も五人のお子さん方もみな被服で焼死しておられた」。

「(富士見町の)教会堂も東京神学社も焼失していた」。「父はさっそく教会の遭難会員の家々を有志と共に訪れ始めた」。

「震災後の第一聖日礼拝は五番街の斎藤秀三郎氏宅であった。このお宅は焼け残ったが、大分損壊していた」。「何十人かが『神はわがちから、わが高きやぐら』を歌い、かつ祈り、かつ説教をきいた。家を失ってバラックに寝起きする人々が徒歩にて諸所から集まって来たことである。父は富士見町教会のバラック建築のことを急ぎ、驚くべく早くその竣工をみた」。

晴彦の死

十月三日、「午後四時頃帰ってくると、俟子が大熱、早速ヒマシ油を呑ませ医者を招いた。その間に晴彦も『ハルタンおなかいたいの』というので熱を計るとこれも大熱。二人とも疫痢であった。俟子は経過が良かったが、晴彦はちと手遅れで病魔は小腸を侵していた」。

「間もなく晴彦は『アラァタン』と一声叫んだ。『ハイ』というと、『エスタマホントニイラッシャル?』ときくのであった。『ほんとにいらっしゃるのよ』というと、『どこに?』と言って見まわす。『見えないけれどいらっしゃるの』というと、『そう、じゃお祈り聞いてくださる?』というのである。『うん』というと、『おいのり』と言って、手を胸の上に組み、眼を閉じて、眉間の間と鼻の上にコチャコチャと皺を寄せた。これが常々のあの子のおいのりの姿勢と定まっているのであった。

『私はイエスさま、ハルチャンのそばにいらっしゃって下さい。そして、御心なら、あなたの側にゆかせて下さい』と言ったら『アァメン』と言った。しばらくすると急にけいれんが来て、彼は私に飛びついて来、私の胸の中で死んでしまった」。

「わずか五年の生命であったが、彼は私の宝であった。今でも私は天に宝を蓄えてある心地がする。足の悪い晴彦を、恵み深い天の父は、天で健やかにし、美しく成長させて下さったことを感謝する。そして彼はまだ見なかった天上の父にも愛せられていることだろうと」。

自由学園創立

「私は自由学園創立のことにお手伝いさせていただいた」。

「わたしの健康状態は夫の死後以来、はなはだしく損なわれ、心臓弱り、神経衰弱のような兆候さえあったが、私は遮二無二押して行った」。「自由学園をお手伝いした五年間は、私の精力消耗せる期間だった」。

父正久の死

「父は大震災以来、健康を損ねていた。母は十一月から肺炎を起こした。父は借家でいいと言ったが、親切な友人たちが父母のために家を建てる計画を進め、十二月末には柏木の家が完成し、引っ越すことになった。病気はいまだ全快に至らず、父は喘息がはなはだしくなり、夜床上で起き上がって咳きこんだ。よほど苦しかったと見えて、初週祈禱会も二回休んだ。そして翌年一月八日に天に召された」。六十七歳でした。

「父自身も座ってフォークを口にもって行こうとする刹那、彼はわたしのほうに倒れ掛かってきたので、私は彼をわが腕に抱き止めた」。

スコットランド留学

母秀野は伝道者が一人減ったのだからと、娘環がその後を継ぐよう熱心に勧めました。六年ほどの間に夫、妹、息子を失い、そして父正久をも天に送った環が、伝道者になることを真剣に求められたのです。「娘はわたしが引き受けます」という母秀野の一言ですべては決定した。

環先生は一九二五年九月二十八日に七歳の幼い娘をおいてスコットランドのエディンバラに向けて出発しました。そして「一たん志を立てたのですから、たとえ危篤の電報が来ても、使命を全うするまでは帰ってはなりません」という母の命令を守って、先生は幼い娘のことを心配しつつ、一度も日本に帰ることなく四年間の留学を全うしたのです。

「エディンバラのニュウカレッジと大学に神学部の両方での勉強は、改革派キリスト教の神学を心行くまで教えてくれたし、教会出席とキリスト者の交わりの経験は、私の信仰に深さと強さとを賦与してくれた」。そして一九二九年十二月四日帰国しました。

母秀野の死

母秀野は一九三〇年、環の帰国六か月後、その心のこもった介護を受けて死去しました。七十三歳でした。しかし、その枕元に環を呼んで説教させ、あれこれと批評し、言葉遣いを指導したとのことです。

とこしえの、しののめほのと見えそめて、夜半の戦いあとかたもなし。

秀野の葬儀は富士見町教会の新しい会堂で執行されました。執行者の三好務牧師は故人の略歴を次のように述べました。

「秀野女子は紀州南部の郷士山内繁憲の次女で、母は御殿医野上氏の娘美千代、父母共に国学に堪能。故夫人は幼少より国学を学ぶ。十六歳の頃小学校教師となり、家より六里の道を往復された。十七、十八歳の頃、和歌山の儒者市川某の塾に学んだ時は、その家に寄宿し、男装で男学生と共に、漢学を修められた。夫人はさらに横浜に遊学、フェリス女学校で国語、漢文を教授しつつ、英語を学ばれた。海岸教会にてバラ氏から洗礼を受けられたのはその頃のことであった。

一八八二年に下谷教会で植村正久と結婚された。正久の遊学中は明治学院で教鞭をとられ、いちょう返しに靴ばきの姿で教壇に立たれた。文学会などでは自ら演説し、また学生の演説を批評された。また秋歌の雅号で雑誌に投稿された。

しかし、その後の夫人は、まったく正久の背後に隠れてしまわれた。夫人の残る五十年の生涯は、正久をして正久たらしめるために、なくてならぬ隠れた力の源であって、真に一心同体、正久と離れて夫人なく、夫人離れて正久はなかった」(今村武雄『植村環』)。

「植村環の説教者としての力は、もちろん生来の天与の賜物であるが、それにも増して、人生の半ばまでに経験した多様で悲痛な人生経験をとうして、誰よりも多くの苦悩、悲しみを得たことが、誰にも増して悲しむ者と共に悲しみ、苦悩の深淵にある者を励まし導くことのできる説教者・牧会者また伝道者としての良き働きをすることができた道備えとなった」(『日本の説教10　植村環』久保義宣解説)。

伝道開始

植村環教師試補は一九三〇年十月一日自宅の応接間を開放して、午後の聖書研究を始めました。四十歳でした。最初にやってきたのは早稲田大学の学生でした。水曜日の夜の聖書講義と並行して、日曜日午後の礼拝を始めました。午前は富士見町教会で礼拝を守り、午後二時から二人、三人の有志女性が植村家の応接間に集まり、家庭的な小さな礼拝が行われました。これこそ後の柏木教会として成長する群れの最初の姿でした。次第に集う人数も増え、まもなく二十人ほどになりました。

また先生は台湾からの留学生を援助し、自宅に女子学生数名を住まわせ、また近くに男子学生のために「向山寮」をつくって世話をしていましたので、その学生たちも加わって集会はにぎやかになりました。間もなく応接間と父正久の書斎をつないでも窮屈になり、翌年四月には増築されて八十人のほどの集会がもてるようになりました。

五月のペンテコステからは朝の礼拝が行われ、「柏木伝道会」として中会に届け出て、秋には「伝道教会」になりました。柏木教会は委員を挙げて、いよいよ教会的な歩みを始めました。

その伝道の目標は、「主イエス・キリストの贖罪の死と、その死から復活、そして現在いと高き宝座にあって救われた者どもを治めてくださる神の独り子なる救い主を宣べ伝え、主キリストを頭とし、聖霊に導かれる主の体なる教会のために用いられることを祈り求めている旨に応える他に、言葉を知らなかった」。

教会の数は間もなく三十数名になり、クリスマスには十三名の受洗者が与えられました。植村環先生が按手礼を受けて教師になられたのは一九三四年四月一日でした。四月十五日植村環主任教師は初めて洗礼と聖餐を授けました。

そして同年十月七日最初の会堂建築、献堂式を行いました。

柏木教会が独立教会になったのは一九三七年十月五日でした。伝道教会開始以来わずか六年で独立教会建設に至ったのは極めて急速な成長でした。教会員は一五七名、礼拝出席者は平均九十三名でした。

台南女学院の校長

「一九二七年一月から私は台湾南市にある英国の宣教師が建てた長老派の女学校の校長になって赴任しました。当時、軍国主義で、教育の統一政策をしていた台湾総督府の方針で、この学校が廃校になりそうになっていたので、私はその学校の人に頼まれまして、総督府と学校との間の交渉にあたり、学校を廃校の憂き目から守るように、その役を言いつかったわけです。そういう仕事ですから長くおることはいりませんでした。八か月、校長をいたしまして、ひとまず使命を果たしたので帰ってまいりました。

総督府はいつも私を異端者扱いにいたしまして、『あなたは日本人ですか、台湾人ですか』などと皮肉を浴びせました。『特色のある学校などはいらないんですよ、みな一律、千べん一律にやってくれれば世話がなくていい』などと暴言を吐いていました」。

ＹＷＣＡの活動

環先生は父正久の「社会の木鐸の精神」を受け継ぎ、教会の説教者として仕えるとともに、世界平和のために積極的に仕えました。一九三八年から一九五八年まで二十年間日本ＹＷＣＡ会長として仕え、一九三九年から一九四七年まで世界ＹＷＣＡの副会長として奉仕しました。戦争中も一九四〇年、一九四二年の二回中国ＹＷＣＡ支援のために上海を訪問しています。

太平洋戦争

「さて、それから太平洋戦争です。いったい満州事変の時から、私は日本の政策に反対でしたから、時の内閣に抗議文を出したりしました。そして、いつも警察ににらまれておりました。戦争の二、三年前からキリスト者の圧迫も非常に強くなりました。牧師で入獄した人も多数ありました。ある人々は牢で死にました。私は警察に数度出頭して、時には七時間ぶっとうしで座らせられて、調書をとられたりしましたし、また検事局に呼ばれたりしましたが、牢には入りませんでした。私をとがめることは、みな日本軍国主義に反対であるとか、天皇を神様として認めないとか、あるいは米国や英国に友人がいるということでした。

教会で私が説教の後の祈りの中に、『日本の罪を赦し給え』と言ったというので大変ひどい目にあいました。『非国民』『売国奴』といった言葉をいつも浴びせられました。

確かに、日本はあの戦争中たくさんの罪を作ったと思います。戦争はいつも罪を作ります。戦争していますと人間は野蛮になります。残酷になります。そして淫乱になります。

私の書棚が捜索されて、書物や音楽のレコードが大分没収されました。音楽のレコードも、米国のものであるとか、英国のものであるとかと言って没収され、書物も、社会という字があると言って没収されました。英語のも、日本語のも」。

「礼拝の十分前には宮城遥拝を強いられたが、幸い、この行事を礼拝のプログラムに盛り込むことだけは、やっと拒否したのである。

一九四〇年五月、プロテスタント諸教派、救世軍、そしてキリスト教事業は、みさかいもなく一丸とされてしまった。初めの内は、部制も保ち得て、それぞれの宣教を独自に行い得たのもつかの間、一年にして、十二の部が解散されてしまった。したがって、教会形成も宣教も頓挫せざるを得なかった。

教団の統理者が伊勢大神宮に就任の報告をしに行ったり、教団の有力者が軍用飛行機の献納運動に熱中したりしていた。日本の教会の状態は実に憐れむ状態に堕ちた。

「一九四五年五月二十五日の夜、山手方面にB29の爆撃が行われ、広い焼け野原の出現となった。言うに及ばず、柏木教会は消失した。植村宅の住人は熊田千代、林宗義（台湾人の医師）と私と三名で、焔を迎えるという形で、小滝橋なる豊多摩病院の敷地に逃げ延びた。夜が明けると、私は教会の焼け跡に帰り、防空郷の上に坐した。防空壕には教会の重要書類が入れてあったからである。

訪問者の魁となったのは、女子学院の二人の女教師で、彼らと共に前晩学校の宿直に当たった安永スマ（私と七年間一緒に生活していた会員）が焼死したとの報告を齎したに来たのだ。死体は三日間見当たらなかったが、やがて、小児らの屍の群れに入っているのが見出された。当人ははなはだ小さい体であり、そして髪をおさげにしていたからだ。私は井坂美恵子さんとそこいらの焼けボックイを集めて火葬にした」。

環先生は教会堂を失い、一時中村雪子さん宅に寄宿し、礼拝と祈禱会を守りました。それは階段までもぎっしりと詰まった礼拝でした。

「当時、ドイツの改革派教会の人々が殉教を恐れず、ナチの弾圧と闘ったことを後日、知らされて、我々は恥ずかしく思うこともあるが、相手はヒトラー政権であり、その弾圧の過酷さは、わが国とは比較にならぬほどであった。戦後になって、若い教職たちが、戦時下のわが教会の在り方を批判して、教職たちもだらしがなかったというのを耳にして、先生は『先輩たちがどんなに苦しい境遇の中で、講壇を守り、信徒を守ってきたか、その苦労が分かってもらえないであろうか』と嘆かれた」（今村武雄『植村環先生の時代』）。

確かに戦時下にあって先輩の牧師たちの御苦労は並大抵ではありませんでした。わたしは心からその先輩牧師たちの懸命な努力に感謝せずにいられません。今日当時を振り返ってみれば、多くの欠けも破れもあったことでしょう。確かに教会は激しい戦禍の中にあっても礼拝を守り、信徒を守ることは大切なことであります。しかし、それを正当化して自己弁護するだけでなく、神の前に真摯に自分の弱さと罪を認め、悔い改めて懺悔するよりほかはありません。

姉佐波澄江について

「姉は私よりも反省心の強い人であった。机の前でノートによく書きものしていたが、それは、正直な反省をつづったのが多かった。しかし、聖書を熟読玩味する姉は、常に希望に満たされていた。事実姉はよく読み、よく書いた。それゆえ求道者などに話をする準備はいつもできていたようであった。翌日の朝の求道者会や、礼拝後の女子青年会には、いつでも無理なく、聖書の話をすることができた。父に似て、訥弁な姉は、ボツボツと静かな話し振りだった。心に満より口に言われるというわけであった。

津田英学塾でも、学生としてバイブルクラスを指導していた。姉は執拗な病気のために、学校では優等ではなかったけれど、こと神の言となると、大した確信と権威をもって話した。自分の救いの確かさにもとづいての伝道だったのであろう。

姉が信仰の確かさを獲得したのは、特にその四年にわたる大患からであったと信ずる。数か月かの生死の間の彷徨、数年間の心にもあらぬ無為と忍耐の闘病生活を私は心から尊敬と思慕とをもって思い出すのである。父母はこの姉の病気を実によく指導していた。

彼女はよく翻訳ものなどをして、『福音時報』によく無名で寄稿をさせられた。姉の書いたものに、父は多念に筆を加えて、彼女を励ました。彼女は聖書の注解書や、古典的な祈祷書などをあてがわれたほか、勇猛なる聖徒の伝記を読まされた。

姉はハドソンテーラーのように中国伝道に行きたいと父に申し出てたが、健康はその実現をゆるさなかった。死線を超えた信仰者の態度には恐るべきものがある。後年、牧師の妻として、目立たない生活を送ったが、私はその勇猛心は決して薄れなかったと思う。

臨機応変に変形してはいたろうが、主に対する忠誠はいつでも、殉教の決断となり得たと信ずる。その自己没頭は意気地がなかったからではなくて、主に対する服従と使命感の確かさから生れ出たものであったと信ずる。『我はこれ主の仕女なり。汝の言える如く、我にあれかし』と彼女は天に至るまで、心中で述懐していたのであろう。」

娘俟子の結婚

「まあちゃん、十四年という永い永い間待った結婚の日が、いよいよあなたたちの上にやって参りましたね。運命のさまざまな移り変わりにも少しも迷わされずに、二人の愛情が守られ通して来たこと、そして多くの苦難を通して、あなたたちの愛がいよいよ深まってきたことを、母さんはあなたたちと共々に、神様にお礼申し上げます。

真摯な学徒として、母さんともたびたび哲学上の話題をもった大石さんとあなたとが、相手として他の誰をも考えることができないように愛し合って婚約を結んだのは、昭和十一年、まあちゃんが十八、大石さんが十九の秋でした。それから今日まで十四年の間に、二人の間には、どんなにさまざまなことが起こったか知れませんね。あなたの突然の喀血につづく四年間の寮生活、そのために外部からも、また母さん自身も、この婚約を破棄してはどうかと、大石さんに話したのでしたが、「そんなことはできません」という大石さんの強い、立派な態度を見るだけでした。

一方には、大石さんが東大の哲学科に入るころから、従来の信仰に疑いをもちはじめ、非常に一途な、自分の心を偽ることのできない正直な懐疑者となったために、人々からも誤解されるところがあり、あなたに対して、あんな人との婚約は破棄した方が良いという、先輩や友人の方々の好感から出たご忠告もありました。けれども、あなたが大石さんに対する心の中の忠実と愛情は微動もせず、この婚約をほんとうに二人だけで守りつづけて来たのでしたね。

あなたの健康がようやく元に近くなって、家に帰ってきて間もなく、十七年一月に、大石さんが入隊、引きつづいて満州に渡ってしまったのでしたね。シベリヤ付近にいるらしいということだけしかわからない大石さんを、私どもはひたすらに待ち、祈っていましたね。「大石が、神様の実在が信じられなくなって、絶望のまま一生を過ごさなければならないのと、信仰を持ちながらシベリヤで死ぬのと、いずれかを選べと神様がおっしゃいますならば、私どもは大石が信仰をもって安らかに死ぬことを神様におねがいします。どうか大石に再び信仰を、信仰者の持つ喜びをおあたえくださいまし」。

大石さんの出征以来八年を、朝夕泣いて祈っていたあなたでしたね。昨年十二月に、大石さんが永保丸でかえって来た時、母さんもあなたも、大石さんの上に驚くほどの変化を知ったのでしたね。あの運命論的な懐疑の影はみじんもなく、真に神を信じ、生来の正直と温かさと謙遜に加えて、同情深い、優れた信仰者になっていたのでした。

あなたの祈りは聞き届けられたのです。二人は様々の試しを受けました。そしてそれらの試練に耐え通しました。母さんは、あなた方をこの苦労に合わせて、ご教育なさって下すったのだと思います。『神を信ずる者のためには、すべてのこと働きて益となす』と聖書にあります。私たちは大そう信仰薄い者ですが、あなたの闘病も大石さんの正直な懐疑も、出征も捕虜生活も、そして永い永い待ち設けの生活も、すべて私たちに働いて益となったと思っています。あなたたちの愛情は、さんざん試されて、いよいよ堅く結びついた愛情です。母さんは、少しの心配もなく、安心して大石さんにあなたを託することができます」。

光静江さん

光鈴江さんが世を去って二十二年、その時彼女は五十歳であった。旧日本基督教会牧師光小太郎氏と夫人篤子さんの次女で、父母の古武士風の性格を受け継いでいた。台湾と、小樽などで宣教と牧会とに見事な成績をおさめた小太郎先生は、病弱の身となり、東小石川で病を養い、「福音時報」に寄稿しておられた。静江さんは女子学院高等科卒業後、アメリカのフィラデルフィヤにある聖書学院に留学、帰朝後仙台宮城女学院の聖書科に教授となり、多くの伝道者を養成した。学生らの彼女に対する敬愛と信頼は深く、辞職後も、彼らは光さんに種々の相談をもち掛けてきていた。

一九二九年ころ、光さんは東京に出て来て、富士見町教会に出席していたが、一九三〇年十月、柏木に午後の礼拝が始まったとき、彼女は少数の出席者となり、一九三一年十月この伝道所が伝道教会となったとき、委員となり、一九三七年十月、伝道教会が正式の教会になると、彼女は長老の一人となった。彼女は伝道所の時から日曜学校の校長をつとめ、教師らの指導、聖徒たちへの感化力において大したものであった。

一九三四年七月に、柏木伝道教会は会堂を与えられたが、光さんは他の三名の建築委員と共に、大いなる貢献をした。長老さんとしての光さんは、真実な、思慮深い、香気高い存在であった。その在り方の秘訣は、彼女の聖書の熟読と祈禱の生活にあったと思う。

光さんは日本ＹＷＣＡの総幹事として、日本中のＹＷＣＡの光となった。彼女の生存中が日本ＹＷＣＡの霊的水準の最も高くあった時代だったというのは過言であろうか。一九四九年の春、世界ＹＷＣＡの東南アジア地域協議会が、タイ国バンコクで行われた。光さんと、会長の私と共に、この協議会に参加した。光さんは、語学が巧だったといえないが、その堂々たる、賢い意見発表には、東南アジアの人々は無論のこと、英米豪の参加者も皆舌を巻いていた。光さんはインド・トラバァの聖トマス教会のチアッコ女子と共に、あの協議会の圧巻であった。

私は、彼女と同じ宿舎の同宿に止宿していて、光さんの健康が常ならぬことを見てとった。会議は十日間で終わり、私どもは帰京した。光さんは癌研で、乳癌との宣告を受け、手術を受けた。しかし、癌は広がる一方であった。

一九五〇年になって、米国から派遣中のボッス幹事は、トロントの外科病院が、進んだ癌の手術に成功しているからと言って、光さんをトロントに連れて行った。実に念入りの手術と治療にも拘わらず、光さんは治らなかった。トロントでの入院中、彼女は、ミルドレッド・ローという米国長老教会婦人部の幹事（以前ＹＷＣＡ幹事として日本ＹＷＣＡに数年滞在）のねんごろな看護を受けた。光さんはミス・ロウの聖書朗読をこよなく悦んだ。

光さんは自ら申し出て読んでもらったのは、エレミヤ書であった。光さんは真にキリストにある愛国者であったから、エレミヤの愛国の言葉に共鳴することが深かった。彼女は「日本の罪を赦したまえ」と常に涙ながらに祈っていた人だ。彼女の愛読書はエレミヤ書であったのだ。彼女はまた日本および、世界各国のＹＷＣＡが俗化して、主キリストの香りを失うに至ることを心から恐れ、かたわらに侍しているボッスさんとローさんに、その旨を打ち明け、彼らの祈りを要求したと聞いている。トロントの友人らは、彼女の死去を嘆き、ねんごろな、そして盛んな葬儀を行い、立派な銅の壺に納めた彼女の遺骨を彼女の姉なる平野雪枝さん（富士見町教会員）に届けてきた。最も日本的で、最も世界的なキリスト者光さんは現在の日本の教界、そして日本基督教会に何を語り続けているのだろう（一九七二年十一月「福音時報」）。

謝罪の旅

敗戦直後の一九四六年に、植村環先生はアメリカ長老教会婦人会の招聘を受けて、五月に出発して翌年四月に帰国するまで約一年間渡米しました。戦後初めての民間人の渡米でした。それは激烈な謝罪旅行でした。

「一九四五年、終戦後二か月たちますと、米国から訪れて来た四人の使節ありまして、その人たちを通して私に招待状が参りました。米国の教会の婦人たちが国務省をお百度参りをして、私を招待するということになったのです。アメリカはどうしても日本と和解しなければならない、日本人の心の中を知りたい、日本人の思っていることを通訳してもらいたいというようなことで、私を大会に招き、話をさせ、またアメリカの諸州を巡って日本人の歴史について、また日本の現在の状態と、日本人の心の中について、話させるというわけでした。

これはまことに大役でした。米国にも、戦争のために息子や夫や父を失った人々が多いのでした。方々を巡って歩いても、はじめは冷たい目で見られますし、時にはうらみつらみを言われました。また、こちらが出す握手の手を避ける方もありました。ある時には大きな男が、他人の背に負われて講演の席に来ておりまして、私をにらみつけていまして、しまいに、あなたのお国の人は残酷です、私は捕虜収容所で虐待されました、おかげで私は生まれもつかぬ障がい者になりましたということもありました。

それに、私は大方いつもフイリピンの女子さんと上海の女流教育者と一緒に旅をしておりました。同じ講壇に話をしたもので、なお辛うございました。その人々は、日本人から直接、間接に酷い目にあった人たちでした。その経験を聴衆がひしひしと感じるように話すのです。その後で、私が立つので、私は実に身を切られるように辛うございました。その人達は話が非常にうまいのです。バターンの死の行進、生き埋め、いろんなことを話しました」。

この謝罪の旅については、羽仁もと子との対談記事が「婦人の友」誌（一九四七年）に「和解の使者・講演旅行」として掲載されています。その中で先生は「食事につくやいなや、開戦前後の日本の態度について、一斉になじり始めました。食事中はともかく、じっと耐えておりましたが、いよいよ午後の集まりの講演に上がった途端、涙が込み上げてきて、泣き泣き話すだけは話しましたが、『アイアム・ヴエリー・ミゼラブル』と言って坐ってしまいました」と言っています。

国家公安委員・皇室に通い聖書講義・七人委員会

米国から帰って来てから、環先生は教会生活とＹＷＣＡの生活を十余年一日のように営んでまいりました。その間に国家公安委員を満六年間務めました。

また日本の皇室に通い、皇后と内親王方に聖書を毎週講義しました。それは四年間にわたりました。

そして七人委員会の「平和のためにアッピールをする会」に入りました。これは湯川秀樹、茅誠司、平塚らいてう、川端康成などの有名文化人たちの世界に向けて平和のためにアッピールする会でした。それは死ぬまで続きました。

また世界連邦建設同盟顧問でした。わたしは植村環先生が国会で堂々と証言される姿をテレビで拝見しました。

柏木教会献堂式

一九四九年七月十七日、柏木教会は戦後の会堂を献堂しました。そして地域の必要に応じて「みどり幼稚園」を開園しています。

日本基督教会加入

一九五一年六月柏木教会は教団を離脱して、日本基督教会に加入しました。

「教団離脱に当たって、彼（佐波亘）」はわたしを『勧進』したわけではなく、独り自ら黙々と実行したのである。私の心にも既に同じものが芽生え、動いていたので、期せずして同じ方向に進んだのである。ただ、彼はいち早く実行し、私はのろのろと動いたのみである」。

佐波亘牧師は、「旧教派に恋々たるものあり」という有名な言葉を残して、一九五一年一月大森教会を率いて教団を離脱しました。それは『植村正久と其の時代』という大著を表した佐波亘牧師の真摯な態度でした。佐波牧師は教団内の争いから身を引いて、旧日本基督教会に帰り、植村正久に帰り、あるいは主イエス・キリストに帰って、新しく伝道に再開したいと切に願われたのでしょう。そこに敗戦後まもなくして、戦争中の自らの言動に対する悔い改めも含まれていたのかもしれません。

環先生は日本基督教会に加入後、植村正久の「社会の木鐸」の精神に従い、また「婦人伝道会社」の精神を受け継いで、世界の平和のために積極的に仕えるとともに、婦人有志と共に「タビタの家」を結成し、また「全国連合婦人会」の創設に邁進されました。

植村環牧師に対する批判

「そのような多忙を重ねていた植村環は一人の説教者として大きな試練を経験した。柏木の中から植村環牧師に対する批判が噴出した。柏木教会では一九四九年戦後の教会堂復興の機に地域の必要に応えてみどり保育園を運営していた（一九五〇—一九六二年）。保育園の運営に携わった長老との間に人事問題等運営の方針について意見の違い生じた。それと共に植村環牧師の説教に対する批判がなされ、教会外での盛んな働きに対する不満も加わった。

一九五七年十月に現職の長老十二名の内三名がその長老職を辞して教会を離れることになり、それと共にその後に離れる者を併せて二十名ほどの教会員が転会することになった。さらに助け手であった伝道師もこれと共に辞任するに事態になった。

このことのために植村環は大いに心を痛めた。これらの出来事はこの後の植村環の柏木教会の説教者としての働きに大いなる影響を及ぼした。教会外の働きをなるだけ整理し、晩年の働きを教会の説教者としての働き、伝道者としての働きに集中するようになった」。「後に植村環牧師はこの時期を回顧して次のように記している。『教会は主の御からだであるから、柏木教会も主をいただき、主の御血が通っているにしても、時には病気に掛かり、怪我をしたりしてきたのである。感謝すべき成長もあったが、懺悔せねばならぬ時も甚だ多かった。柏木の土地の良い一角を与えられているのだから、もっともっと成長してもよいのであったと、今更の如く主の御前にお詫びする心持でいっぱいである』（一九六九年「来たれ行け」の「まえがき」『日本の説教10　植村環』久保義宣解説）。

子を生む教会

植村環牧師は開拓伝道に非常に熱心でした。事実柏木教会から「六つの教会」が生み出されました。それは豊島北教会、東京主僕教会、世田谷千歳教会、南柏教会、小平教会、府中本町教会等でした。教会決議がすべて「おめでたい」教会の誕生であったとは限りません。教会はその過程の中で不幸なことに分裂することもあります。それも柏木教会が生み出した「新しいキリストの教会」であります。教会は聖なる「キリストのからだ」であると同時に、「貧しい罪人の集まり」でもあったのです。

説教

植村環牧師の説教はすばらしい主題説教でした。それは説教集に多く残されています。わたしはそれを読み直して、その渾身を込めた説教に圧倒されました。その一つひとつをあげればきりがありませんが、わたしは特に戦争中のものと戦後のものを紹介したいと思います。その他の説教は『日本の説教10　植村環』（久保義宣解説）を見ていただきたい。

一九三二—一九三三年頃、逗子の川西多鶴子さん方に集まった「友の会」で聖書講義をされた記録の幾つかが、今村武雄編『植村環』に残されています。その一つに「麻酔薬を退けたイエス」がありました。環先生はその生涯の終わる日までその痛みを耐え偲ばれたのです。

麻酔薬を退けたイエス

「そののち、イエスは今や万事が終わったことを知って、『わたしは、かわく』と言われた。それは聖書が全うされるためであった。そこに酸いぶどう酒がいっぱい入れてある器が置いてあったので、人々は、このぶどう酒を含ませたヒソプの茎に結びつけて、イエスの口元に差し出した。すると、イエスはそのぶどう酒を受けて、『すべては終わった』と言われ、首をたれて息を引き取られた」（ヨハネ伝一九・二八―三〇）。

十字架の上では『わたしは、かわく』と言って、ぶどう酒をもお求めになり、それをお受けになった事実を深く考えてみよう。自分を十字架につけてあざけり見ている敵に、飲み物を求められたその純粋さ、イエスには敵という意識はなかった。頼みたいことを、なんの気取りもなく、こだわりもなく頼む、その自由な、イエスのお心持ち、を思うと、普通の人間と、どんなにちぎりが深いかが最後にわかる。

イエスは、ただの超人ではなかった。もしイエスが渇くこともなく、飢えることもない、生理的に欠陥のあった人なら、血の気の多い青年には、かかわりがない。イエスはまったく健康な人間であられ、どんな肉体の苦しい戦いもご承知であった。イエスは疲れ、涙を流された。

ぐうぐう眠られた。飢え、渇かれた。そういう記事を聖書に見て、われらは、ほんとうにイエスを自らの仲間と感じてうれしい。イエスは無邪気な、素直な態度をとられたが、人間のあらゆる衝動のお仲間であられたことは、イエスの人格の低いことを意味しない。イエスはすべての肉体の衝動も、魂の衝動も、これをもって、ひたすら神のみ旨を行い、人を救うようすがとされた。旅に疲れて渇かれたとき、その渇きをもって、罪に浸っていたサマリヤの女を救うきかけとされた（ヨハネ伝四章）。

イエスはわれわれと同じ肉体を持った、われわれの仲間であったと同時に、われわれとまったく違ったレベルにあった。それは救い主の立場であった。イエスは十字架上の人間の最後の肉体的、精神的のあらゆる苦しみを、みな苦しみたいと思われた。そうして、意識的に麻酔薬を拒まれた。かくて、十字架上のイエスに迫った苦しみは何であったか。肉体的・個人的の苦しみのほかに、人間の残酷さ、誤解、冷酷、無頓着、偽善、弱さ、あらゆる人間の欠陥と積極的の類。人の世のすべての暗さが、十字架上のイエスに、麻酔されないイエスの感覚と感情に群がり来た。絶対の愛と神への服従をもったイエスのみは、ほんとうに、人間の暗さと悲惨さを正視し、感受することができた。

イエスは十字架の上で、弟子の心理、母の気持ち、自分を売ったユダの苦悩、なすところを知らぬ兵卒、群衆の悲惨さ、それらのすべてを親が子どもの苦しみを苦しむにも、まさる強い愛赦の感受性をもって経験された。イエスの母も、弟子も、十字架上のイエスの苦しみをはるかに立って見ていたにすぎなかった。世を償うイエスの苦しみは、母や弟子の切なる情も、遠く察し得べくもなかった。

この苦しみの最中にあるイエスを見て、同じように十字架につけられている盗人は、なんといったか。「イエスよみ国に入り給うとき、我を憶え給え」。そして、いままさに生命絶えんとしているイエスは、「あなたは、きょう、わたしと一緒にパラダイスにいるであろう」と答え給うた。

私どもは、麻酔薬を退けて、自分の姿の真相を見よう。家庭の苦しみをほんとうに苦しもう。社会の暗さを真剣に考えよう。そして、その苦しみを自分で、ごまかしてしまおうとしないで、キリストの所へ素直に持って行こう。そのとき、私どもは、自分らの苦しみに代えて、イエス・キリストの自由、力、喜び、生命、平安をわけていただくことができるのである（一九三二年二月十八日）。

そこは荒れ野なり

キリスト教は花香る園には余り栄えない。人間は時に死の陰の谷を過ぎる必要のある被造物である。恵み深い神はしばしば私どもを荒れ野に遂いやりたもう。詩人が、「苦しみにあいたりしは我によき事なり」とうたったのは達観である。

しかし、言うまでもなく、わたしどもは苦難を礼讃するものではない。文化的な生活は誰にとっても好ましいものである。ただ事実として、使命の道というものは過酷なばかり激しいものであることを覚悟してかからないと、伝道生活はおろか、信仰それ自身においても落伍してしまう。

十二使徒がイエスの御側で、使命の道に訓練を受けた事情をつぶさに味わいたい。主は彼らを御側に置き、その苦難に与る願望を次第に育成していらっしゃったのである。時に彼らは懐中無一物のまま、村々に伝道に遣わされた。彼らは己の成功に有頂天になると、イエスは冷水を打ちかけるようなことをいわれた。また、彼らの気が疲れると、「汝ら人を避け、さびしき所にいざ来りて暫く憩え」と仰せられたのである。霊的視野の拡大と霊的判断の調整のためには、俗世界の思い昂りや、檜舞台の特異さから、荒野に引っ込む必要があるようである。

バプテスマのヨハネは「荒野に呼ばわる声」であった。パウロはしばしば荒野に親しんだらしい。主キリストが四十日四十夜の誘惑を受けられたのも荒野であった。荒野を好きな人は見当たらないが、正しい信仰の立場を確立し、力ある伝道の計画をめぐらすためには、どうしても一度ならず、荒野と見える境地に身を置くことが当然である。

ピリポは、使徒行伝第二一章には伝道者ピリポとあるが、もともとは、かの七人の執事の一人であって、宣教のために特に選び別たれた人ではなかった。しかし、彼は「信仰即伝道」という標識をかかげた人だったのだろう。それは、万人祭司の信仰の他の半面である。ピリポは確かに一般信徒として、サマリヤに著しい伝道の成果を収めているが、彼は己の限度を知り、エルサレム教会から遣わされたペテロとヨハネの助力を素直に受けとっている。ペテロらがサマリヤに来たことから、サマリヤの教会はついに豊かな聖霊の賜物を受けるに至った。信仰者の仮面をつけた魔術師シモンも、ペテロらに正体を看破されて、教会の交わりから退けられたのである。

ピリポが荒野に遣わされる時が来た。聖霊は、「エルサレムよりガザ（ペリシテ）に下る道に往け。そこは荒野なり」と言われた。伝道の場として荒野を選ぶ人があろうか。ピリポのような人でなければ、多分、ばかばかしいと片付けてしまうだろう。しかし、ピリポは依然として従い、荒野に往った。果たせるかな、素晴らしい門戸が荒野に開かれていたのだ。

荒野というところは、常識で考えれば伝道に最も不向きである。しかし、ピリポは、聖霊による良識を恵まれたのである。実に文字どおりの荒野から、エチオピア国に対する宣教の第一歩が踏み出されたのである。ピリポが相手にしたのは、馬車に乗ったエチオピアの一役人であったが、その回心こそアフリカ伝道の曙光を告げることとなった。

伝道の場に対し、しばしば「豊穣」とか「不毛」とかいう正札がつけられる。伝道の業績ということがよく、私どもの唇に上る。しかし、聖霊に聴くと、堂々の業績は案外な所にある。荒れ野が沃野となり、石地が良田となるには、実に時も精力も費えるのであるが、日本人の言い慣れている「石の上にも三年」という諺を忘れたくない。プロテスタントの伝道者が、カトリックの僧侶の頂上への服従を、聖霊に対して向けたなら、どんなに大したことになるであろう。

日本は精神的の荒野であり、固い石地である。日本人の感情、思想は、異教的な下地が土台となっているし、そこに、虚無的、功利的な傾向と密着して、妙な地層を形成している。しかし、聖霊は、私どもにも、「往け、そこは荒野なり」と宣うて、私どもを遣わされるのである。日本が荒野、石地なることを重視したり、日本の伝道を甘く見たりしては、伝道の収穫を得ることが覚束ないのである。日本人が神道によって、また仏教によって養われて来たものには、真に好ましい者があると同時に、罪について、生命について、人間の運命と世界について人と神との関係についての日本の考え方は、福音の受け入れ体勢の妨害となるものが多い。私どもは、それらのゴロゴロした石やバサバサした砂や、ドロドロした泥炭などをどうしたらよいのか。あらゆる機会をとらえて、福音の鋤を入れ、福音の熱と養分を注ぎかけてゆくのが、我らの使命である。「往け、そこは荒野なり」（一九五五年八月一日）。

逝去

植村環先生は一九八二年五月二十六日に、河北病院で逝去されました。九十歳でした。

わたしが環先生に最後にお目にかかったのは、河北病院に入院される四月二十六日の当日でした。わたしが南柏教会の独立を告げると、先生は「おめでとう」と言われました。また先生が落ち着かない様子でしたので、わたしが「先生、お祈りしましょうか」というと、「お願いします」と言われたので、一言お祈りしました。それが最後でした。

間もなく入院の車が来て、新築なったばかりの柏木教会を一目見せようと担架で教会を一回りしましたが、先生は目をつぶったまま、それを見ようとはされませんでした。

河北病院における入院生活は多くの方々とのお別れの時でした。あの東京主僕教会ができる際に、それに賛同して辞任した婦人伝道師が、北海道から上京して都内に三日間ホテルをとり、植村環先生にぜひお会いして一言謝罪したいと言っていたとのことです。

その中でも特に、この入院生活は娘佚子さんとの最後のお別れの時でありました。環先生と佚子さんは、あのスコットランド留学に出発する際に、船で紙テープを握りしめながら、涙を流してお別れした時のことを、しばし語り合ったと言われます。それは環先生の生涯にとって決して忘れることのできない最大の出来事だったのです。

植村環先生は、遺言で「葬儀はしてくれるな」と言われました。そして記念会でヨハネによる福音書一一章二三節の「あなたの兄弟は復活する」を読んでほしいと言われました。

柏木教会はこの環先生の遺言どおり、葬儀は行わず、後に「記念礼拝」を行いました。

参考書

『父母とわれら』（新増補版）、新教出版社、一九八二年
今村武雄編『植村環先生の時代』新教出版社、一九八七年
今村武雄編『植村環』新教出版社、一九八九年
久保義宣解説「植村環」（日本の説教10）日本基督教団出版局、二〇〇四年
「来たれ往け」柏木教会、一九六一年
柏木教会編『朝の光、上より』新教出版社、一九七四年
『神の約束によりて』（植村環著作集1）新教出版社、一九八三年
『主は活きておられる』（植村環著作集2）新教出版社、一九八四年
『わたしが歩んだ道』（植村環著作集3）新教出版社、一九八三年
『日本基督教会柏木教会60年誌』柏木教会、一九九一年

Ⅲ　主にむかって水の上を歩こう（南柏教会50周年記念礼拝説教）

主に向かって水の上を歩こう

（南柏教会50周年記念礼拝説教）

イザヤ書四三章一、二節
マタイによる福音書一四章二二―三三節

ヤコブよ、あなたを創造された主は、イスラエルよ、あなたを造られた主は、今、こう言われる。恐れるな、わたしはあなたを贖う。あなたはわたしのもの。わたしはあなたの名を呼ぶ。水の中を通るときも、わたしはあなたと共にいる。大河の中を通っても、あなたは押し流されない。火の中を歩いても、焼かれず、炎はあなたに燃えつかない。

それからすぐ、イエスは弟子たちを強いて舟に乗せ、向こう岸へ先に行かせ、その間に群衆を解散させられた。群衆を解散させてから、祈るためにひとり山にお登りになった。夕方になっても、ただひとりそこにおられた。ところが、舟は既に陸から何スタディオンか離れており、逆風のために波に悩まされていた。夜が明けるころ、イエスは湖の上を歩いて弟子たちのところに行かれた。弟子たちは、イエスが湖上を歩いておられるのを見て、「幽霊だ」と言っておびえ、恐怖のあまり叫び声をあげた。イエスはすぐ彼らに話しかけられた。「安心しなさい。わたしだ。恐れることはない。」すると、ペトロが答えた。「主よ、あなたでしたら、わたしに命令して、水の上を歩いてそちらに行かせてください。」イエスが「来なさい」と言われたので、ペトロは舟から降りて水の上を歩き、イエスの方へ進んだ。しかし、強い風に気がついて怖くなり、沈みかけたので、「主よ、助けてください」と叫んだ。イエスはすぐに手を伸ばして捕まえ、「信仰の薄い者よ、なぜ疑ったのか」と言われた。そして、二人が舟に乗り込むと、風は静まった。舟の中にいた人たちは、「本当に、あなたは神の子です」と言ってイエスを拝んだ。

マタイによる福音書一四章二二節から三三節には、主イエスが弟子たちを「強いて舟に乗り込ませ、向こう岸へ先に行かせた」とあります。ガリラヤ湖は今晴れていると思うとたちまち曇って大嵐になることがあります。弟子たちの舟も湖の真ん中に来た時、突然大嵐になり激しい逆風が吹いて来て漕ぎ悩み、前に進めなくなりました。舟はまさに沈没し、弟子たちは皆おぼれ死んでしまうのではないかと恐怖を抱きました。

ところがその時「イエスは湖の上を歩いて弟子たちの所に近づいて来られた」とあります。「湖の上を歩く」ことは、わたしたちには不可能に思えます。弟子たちはこの主イエスを見て、「幽霊だ」と叫び声をあげました。それが現実と思えなかったからです。しかし、主イエスはこの世の逆風がどんなに激しくても、それを貫いて勝利者として水の上を歩いて来られたのです。

マルコによる福音書六章四八節を見ますと、主イエスは「そばを通り過ぎようとされた」とあります。それは主イエスが逆風を貫いて勝利者として大嵐を貫いて前進しておられたことを示しています。そして弟子たちの舟に近づいて来られ、「安心しなさい。わたしだ。恐れることはない」と声をかけられました。「わたしだ」は、「わたしが共にいる」という意味であります。それゆえ「安心しなさい、恐れることはない」と言われたのであります。

ところで、主イエスが歴史の中に、過酷な時代の只中に共におられるとはどういうことでしょうか。主イエスは人間として生まれ、この世の只中に生きた方でした。その主イエスは捕らえられ、十字架につけられて無残にも死なれました。そして十字架の死の際に「わが神、わが神、何故わたしを見捨てになったのですか」と叫ばれました。

わたしたち人間は皆アダムとイブの子孫であり、また兄弟アベルを殺したカインの子孫であります。人間は皆そのアダムとイブの罪、またカインの人殺しの罪から逃れることはできません。しかし、主イエスはその人間の罪を担って十字架につけられ、神に捨てられ、呪われて死なれた方であります。しかし、その死に打ち勝って、三日目に復活された方であります。主イエスはその死において人間の罪をすべて赦し、復活して今も生きておられます。この復活の主イエスが歴史の中に、過酷な時代の只中に、大嵐の逆風を突いて勝利者として生きておられるのです。この復活の主イエスの勝利者としての御臨在を、わたしたちはただ信仰によってしか見ることはできません。

この復活の主イエスが大嵐の水の上を歩いて弟子たちの舟に近づいて来られたのです。そして「安心しなさい。わたしだ。恐れることはない」と声をかけられたのです。ここにわたしたちの唯一の希望、慰め、救いがあります。

さて二八節を見ますと、「すると、ペトロが、主よ、あなたでしたら、わたしに命じて、水の上を歩いて、そちらに行かせてください」と言ったとあります。ここにペトロが出て来ます。彼は舟に乗っていた弟子たちの一人で、教会の代表者であります。ペテロは激しい逆風を突いて水の上を歩いて来られる主イエスを見て、「主よ、あなたでしたら、わたしに命じて、水の上を歩いてそちらに行かせてください」と言いました。すると主イエスがペトロに「来なさい」と言われたので、ペテロが舟から降りて主イエスに向かって進むと、歩けないと思っていたことが、実際に水の上を歩くことができたのであります。

教会の舟もこの世の激しい逆風にあってこぎ悩んでいても、主イエスの「来なさい」という招きに応えて、ただ主イエスに向かって水の上を歩き出すと、歩けないと思っていたことが、実際に歩くことができたのであります。教会も大嵐の中を歩むとき、時にはおぼれて死んでしまうのではないかと思わされる時があります。しかし、主イエスの「来なさい」という招きに応えて、大嵐の水の上を歩き出すと、歩けないと思っていた大嵐の中を、不思議にも歩くことができたのであります。それは復活の主イエスが共におられ、「わたしだ。安心しなさい。恐れることはない」と言われたみ言葉に励まされて、ただ主イエスのみを見つめて歩み出したときに、可能になった奇跡であります。

ところが三〇節を見ますと、ペトロは「強い風に気がついて怖くなり、沈みか」かったとあります。主イエスの招きに応え、ただ主イエスに向かって歩き出したとき、確かに水の上を歩くことができたのに、その主イエスから目をそらして、激しく打ち込んでくる波風に心を奪われたとき、疑いが生じておぼれかかったのであります。疑いは沈没を招きます。

主イエスはペトロに、「信仰の薄い者よ、なぜ疑ったのか」と言われました。ペトロは信仰の薄い者、疑い深い者だったのであります。信仰がないわけでありません。しかし、その信仰は激しい波風にあうとすぐにぐらつき、疑いに陥って沈没しかかったのであります。それはペトロだけでなく、弟子たちも皆同様でありました。

しかし、ペテロはその疑いの中で、「主よ、助けてください」と叫ぶと、主イエスは手を伸ばして、ペトロを助け引き上げてくださいました。教会も激しい逆風にあった時には疑いを避けられないかもしれません。しかし、わたしたちも声をあげて、「主よ、助けてください」と絶えず祈りたいと思います。その時、主イエスは手を伸ばして必ず助けてくださいます。

ところで、わたしは満洲で生まれました。当時の人々は満洲、満洲と満洲熱に浮かされて、五族協和の新しい国を造ろうと、ロマンに燃えて満洲に渡って行きました。ところがそのロマンの国はやがて滅び、「見果てぬ夢」となりました。そして十五年戦争が始まり、日中戦争に突入し、ノモンハン事件の手痛い敗北にもかかわらず、太平洋戦争に突入して、やがて広島、長崎に原爆が落とされ、日本は悲惨な敗北を味わったのです。

満洲にあった多くの日本人教会はすべて跡形もなく滅びました。神に選ばれた聖なる教会が皆壊滅したのです。日本基督教会が誇る小会、中会も皆消滅しました。また多くの開拓団は地獄の敗走を味わい、集団自決を行い、子どもを野や川に捨てて殺し、多くの残留孤児や残留婦人を生んだのです。日本内地の各都市にも爆弾が落ちて多くの人々が死にました。長岡の花火はその空襲で八割を焼失し、多くの人が死んだことの記念だそうです。

多くの教会堂も破壊されてしまいました。しかし、わたしたちはこの歴史の激しい逆風にあっても、それを貫いて勝利者として水の上を歩いておられる復活の主イエスが共におられることを見失ってはならないと思います。

イザヤ書四三章一、二節に、「恐れるな。わたしはあなたを贖う。あなたはわたしのもの。わたしはあなたの名を呼ぶ。水の中を通るときも、わたしはあなたと共にいる。大河の中を通っても、あなたは押し流されない。火の中を歩いても、焼かれず、炎はあなたに燃えつかない」とあります。わたしたちは皆主イエスによって罪を贖われ、その名を呼ばれ、主のものとされた者たちであります。それゆえ、わたしたちはたとえ水の中、大河の中を通っても、押し流されず、たとえ火の中を通っても、決して燃えつきません。復活の主イエスがその大嵐の中を必ず水の上を歩いて来られ、「安心しなさい。わたしだ。恐れることはない」と声をかけてくださいます。それゆえ、わたしたちはどんなに激しい時代の荒波にあっても、押し流されることも、炎が燃えつくこともありません。

最後にわたしは最近「エール」というテレビドラマを見ました。これは古関祐而という作曲家の生涯を描いたドラマでしたが、その二つの場面にわたしは大変感動しました。

その一つは、主人公の義母役となった薬師丸ひろ子が、戦争によって焼け野原となり、廃墟となった場所に立って、讃美歌の「うるわしのしらゆり」を長々と歌っていたことです。今日の讃美歌には「復活」いう言葉は入っていませんが、彼女は「復活」という言葉をはっきりと入れて、日本の昔を忍びながら、敗戦した日本の新しい復活の希望を歌っていたことです。

もう一つは古関祐而が「長崎の鐘」を作曲した場面でした。原爆の被害を受けた永井隆というカソリックの医師が、その妻が原爆を受けて黒焦げになって死に、自らも原爆症に苦しみながら、原爆にあった人々の先頭に立って看病しました。そして原爆で地に埋もれた鐘を掘り起こして、その鐘を鳴らしたという実話による作曲でした。

永井隆は古関祐而と対話して、「落ちろ、落ちろ、どん底まで落ちろ。そこに新しい希望がある」と言っています。さすがに死者の復活を信じる信仰者の言葉だと思いました。その歌詞はサトウハチロー、その歌は藤山一郎が高熱の中で吹き込んだと言われています。

その歌詞を紹介しますと、一番「こよなく晴れた青空を、悲しと思う切なさよ、うねりの波の人の世に、はかなく生きる野の花よ。慰め、励まし、長崎の、あゝ長崎の鐘が鳴る」、二番「召されて妻は天国へ、別れて一人旅立ちぬ。かたみに残るロザリオの、鎖に白きわが涙。慰め、励まし、長崎の、あゝ長崎の鐘が鳴る」。

原爆は浦賀天主堂の近くに落ちたといわれます。多くのカソリックの信徒たちが死にました。しかし、そこに神の摂理があったと永井隆は言います。キリストが十字架にかけられて肉体を裂いて死に、多くの人々の罪を贖ったように、多くのカソリック信徒たちは自らの死によって、世界の人々に戦争のない新しい平和な時代が来ることを祈っているというのです。歌詞を作った人も、歌った人も、作曲者もキリスト者ではありません。神がこれらの人々を用いて、敗戦後の悲嘆にくれた多くの日本人を励ましたのです。「長崎の鐘」は悲惨な敗戦を経験した日本の多くの人々に希望を与えるレクエムでした（二〇二〇年十二月二十七日）。

あとがき

わたしは植村環先生に出会ったことを心から感謝しています。植村環先生は非常に大きな方で、その壮絶な悲しみに満ちた苦闘をとおして伝道者となられた生涯を思います。植村正久の子として生まれ、四十歳にして伝道者となられ、教会の牧師として渾身の力を振り絞って説教をしながら、父正久の「社会の木鐸」の精神を受け継いで、世界平和のために懸命に努力して仕えられました。その先生のお姿は、日本において二度と現れないだろうと痛感します。わたしはこの貧しい書物を渾身の力を込めて書き上げました。

植村環先生に心から感謝して、この書物を献げます。

妻が入院して手術を受け、その看病のために数か月の間追われました。

またロシアのウクライナ侵攻が起こり、その無謀な戦争に大変驚かされました。そのため、「エレミヤ書」の説教を何度も書き直しました。エレミヤの預言の言葉はユダの民に受け入れられず、生涯国家の裏切り者として、孤独の預言者・悲しみの預言者であり続けました。そのエレミヤは、今日のウクライナ戦争に何を語るでしょうか。

わたしは東京神学大学時代に、「エレミヤ書」の講義を生き生きと受けたことを懐かしく思い起こします。また植村環牧師の開拓伝道に当初から仕えた光静江さんが、生涯「エレミヤ書」を愛読していたことを知り、嬉しく思いました。

また二〇一八年に出版された左近豊著『エレミヤ書を読もう——悲嘆からいのちへ』を読み、大変感動しました。この書物は多変豊かな内容をもち、今日のわたしたちに鋭く語りかけています。

わたしは主にR・E・クレメンツ著『エレミヤ書』（佐々木哲夫訳）を参考にして説教を書きました。この書物は神学的に教えられるものが多くありました。

またR・デビッドソン著『エレミヤ書・哀歌』（荒井章三・加藤明子訳）を参考にしました。

この書物は現代の戦争の実態にふれて註解しています。日本は太平洋戦争後エレミヤ書がよく読まれたと言われます。わたしは満州生まれですので、その十五年戦争の実態や、戦後の個人的な体験を踏まえて説教を書きました。

R・デビッドソンの結びの言葉をここに引用しておきます。これがエレミヤ書の説教を書く際に、わたしが大いに学んだことでした。

「エレミヤの民が宗教生活に不可欠と考えた多くのものがあった。エルサレムの神殿は地上で神が住まわれる場所であり、荘厳な儀式を伴っていた。その不滅の町は神の都であった。そのようなものを、あなたがたはなしですまして生きることを学ばなければならないと預言者は言った。最終的には、神のみが不可欠なのであって、神は最も神聖で聖別される伝統の中にさえも閉じ込めることはできないし、してはならないのである。われわれは神のために生きるよりも、われわれの伝統のためにやすやすと死んでしまうようなときが時々ある。このことは、伝統、教会生活の様式、礼拝様式が重要でないと言うのではない。それは重要でないことはない。しかし、そのようなものは神ではなく、もしそうだと考えるならば、われわれは災いである」。

「神の言葉を知ることは、エレミヤにとって困難や危険にさらされた道をたどることであった。誤解を受けやすく、自己疑惑に陥りやすい道であった。神の言葉は、安易な自信をもち、心を悩ませずに確信して語る者よりも、神と格闘し、御言葉を待ち続ける覚悟のある者に、過去において臨んだし、今も臨むのである」。

最後に「南柏教会50周年記念礼拝説教」を載せました。
一読していただければ幸いです。

二〇二三年一月

中島英行

新しい契約　エレミヤ書による説教

発行日……二〇二三年三月十二日　第一版第一刷発行
定価……［本体一、八〇〇＋消費税］円
著　者……中島英行
発行者……西村勝佳
発行所……株式会社 一麦出版社
札幌市南区北ノ沢三丁目四―一〇　〒〇〇五―〇八三二
郵便振替〇二七五〇―三―二七八〇九
電話（〇一一）五七八―五八八八　ＦＡＸ（〇一一）五七八―四八八八
URL https://www.ichibaku.co.jp/
携帯サイト http://mobile.ichibaku.co.jp/
印刷……モリモト印刷株式会社
製本……根本製本株式会社
装釘……鹿島直也

ISBN978-4-86325-147-2 C0016